Criminología y Justicia Refurbished: Volumen 2, Número #1

Criminología y Justicia Refurbished: Volumen 2, Número #1

Participan en este número: Carlota Barrios, Raúl Caballero, Guillermo González, Jaume Hombrado, Jose Servera y Antonio Silva

www.crimyjust.com

direccion@crimyjust.com

Ilustración de portada: Pixabay.com

ISSN-e: 2174-1697

Contenido

Carta al lector

Antonio Silva Esquinas. @Romman_Yeah

Queridos lectores, hemos decidido realizar un editorial un poco divergente a la tónica que generalmente seguimos, en tanto que nos encontramos en un momento de cambios, novedades y sinergias que irán desvelándose en este nuevo año 2017.

En primer lugar, como pueden paladear tienen entre sus manos un número de nuevas dimensiones, más ancho, más alto y con portada más vistosa. ¿Qué quiere decir esto? Por un lado que hemos cambiado de volumen, ergo tienen ante sí el primer número del segundo volumen de Criminología y Justicia *Refurbished*, por otro, que hemos decidido sin perder nuestro sello de identidad (la revista con aspecto de libro) dar un salto cualitativo que haga el ejemplar más atractivo, fácil de leer y que nos permita poderos mostrar tablas, imágenes, etc. de una forma mucho más clara, ya que vimos que en algunos artículos, y especialmente en las investigaciones, esto se tornaba problemático.

De acuerdo, pero… ¿Por qué un cambio de volumen a medio año en lugar de hacerlo con carácter anual? Pues… ¿Y por qué no? Es decir, esto no deja de ser en esencia un aspecto más del espíritu *Refurbished*. Siempre nos viene impostado ya fuere por la academia, ya fuere por una more simmoniana, cómo han de hacerse las cosas. Mas sin revestimiento alguno de razón simplemente es un mero estilismo, un artificio que se decide predicar como dogma de fe. ¿Por qué no romperlo? Algunos de ustedes dirán que, obviamente, se hace por efectos prácticos para catalogación o a efectos económicos o de ejercicios fiscales, etc. En ese caso también nosotros podemos apostar por un motivo, y es que cada vez hay más suscriptores entre nosotros y muchos de ellos quieren conseguir todas las revistas desde el número primogénito. Ante esto surge un problema: conforme avanzamos son más los números a conseguir, y quien se hace suscriptor iguana anual "pierde" seis meses de suscripción, por ejemplo, al conseguir esos números anteriores. Así, hemos decidido que puede ser una buena opción ofrecer a nuestra comunidad la posibilidad de obtener los volúmenes que vayamos publicando de forma unitaria, es decir, como un solo producto. De esta forma, al realizar volúmenes semestrales el costo final del producto es menor y el suscriptor podrá hacerse con él sin tanto esfuerzo; a fin de cuentas, lo que buscamos es que todos podamos acceder al conocimiento, no solo las élites. Así pues, y aunque durante el mes próximo en nuestra experiencia *transmedia* les informemos más por *RRSS* a tal efecto, *habemus* nuevo volumen y nos volvemos a reivindicar contra los postulados sin sentido.

El siguiente tema a tratar encauza con las novedades editoriales que se presentan en este nuevo período. Así, informamos de que habrá nuevas obras sobre criminalidad vial, Criminología *Cyborg*, desviación y ocio, marginalidad, *Green Criminology*... Y no diremos más porque estimamos el factor sorpresivo como un elemento paradigmático por el cual levantarse cada día pensando en qué estará tramando la Holacracia de CyJ *Refurbished*, y posteriormente ir al canal de Telegram a ver qué ocurre y quién nos hablará de todos ellos durante el día. Aunque sí podemos permitirnos decir que hay otra serie de proyectos venideros que, sin lugar a dudas, van a haceros implicaros mucho más con este proyecto (llamada intertextual a los investigadores).

¡Más novedades, oiga! Pues sí, aún tenemos más; y es que CyJ *Refurbished* va a ofrecer la suscripción física en Latinoamérica a partir del segundo volumen. Este proyecto nos está conllevando un esfuerzo hercúleo, pero no cesaremos en luchar por nuestros suscriptores. Somos conscientes de que tenemos muchos seguidores en las américas que se encuentran limitados para el acceso a la revista, ¡adiós ataduras! ¡CyJ *Refurbished* estará también con vosotros en menos de lo que esperáis!

Tras todo lo anterior, es hora de hablar del nuevo número. Un número dedicado a la transparencia desde diferentes prismas. Hemos decidido hablar sobre esta temática con un objetivo bifocal que apunta por una parte al análisis crítico de nuestro contexto y, por otra, a la autocrítica. Es decir, empezamos año, y un nuevo propósito para todos debería ser ejercer con absoluta transparencia en todos los niveles societarios. Sin embargo, no es de recibo enaltecer acusaciones sobre la otredad sin realizar nosotros mismos un ejercicio idéntico al respecto. Ya basta de hablar de corrupción mientras no sacamos adelante un código deontológico cristalino; ya basta de acusar a los *mass media* de enarbolar demonios populares o intereses de terceros cuando nosotros mismos lo hacemos mediante blogs, etc. Así pues, y tras haber cerrado el año y el primer volumen con un número dedicado a la marginalidad que tiene un importante lazo con esto de la ausencia de transparencia, comenzamos el periplo con la intención de aportar nuestro grano de arena para que la maquinaria sociopolítica comience a engrasarse.

En esta ocasión, volvemos a publicar una investigación empírica. La misma ha sido elaborada por Jaume Hombrado, que nos muestra a través del análisis de redes sociales físicas cómo es posible la aplicación de metodologías de otras ramas de conocimiento en Criminología, a la par que vincula su investigación a los famosos Panamá *Papers*. Por otra parte, Guillermo González nos ha traído una entrevista realizada a Jesús Lizcano, director de Transparencia Internacional en España, en la que nos habla de la transparencia como arma de destrucción masiva contra la corrupción, mas limitada por una multiplicidad de factores trasversales que perjudican su eficacia. Carlota Barrios nos da unas pinceladas nítidas sobre el ejercicio de la transparencia en el lienzo de una deontología profesional fundada en una jerarquía piramidal de tres cuerpos. El artículo de Jose Servera versa sobre el periodismo participativo, o citadino, desde sus diferentes niveles como respuesta a la crisis periodística que están sufriendo los *mass media* ante el desmantelamiento de la objetividad en favor de las influencias de *lobbies*, así como las repercusiones que el ejercicio de dicho movimiento conlleva. Por último, Raúl Caballero profundiza en la prevención en materia de siniestralidad vial, evaluando el factor humano intrínseco a esta y proponiendo un modelo más eficaz de intervención basado en el conductor.

Ya solo cabe despedirnos, desearles una lectura apacible... No, en realidad les deseamos una lectura incómoda, suspicaz y crítica, interesante, irreverente, que les abra los ojos a la amplitud criminológica y que puedan acompañar con la taza exclusiva y limitada de CyJ *Refurbished* (quienes hayan conseguido hacerse con una).

Omau, comunidad.

Transparencia en España

Entrevista a Jesús Lizcano

Guillermo González. @GuilleC_J.

RESUMEN

La corrupción, entendida como la conducta fraudulenta de personas en posiciones de poder, ha sido uno de los indicadores más importantes para tomar el pulso a la salud democrática de una nación, no solo en la administración pública, sino también en sectores estratégicos como los energéticos y los financieros. En un contexto de crisis económica, la transparencia se postula como la herramienta más útil para combatir la corrupción en el seno de la res publica, pero su efectividad se circunscribe a la presencia de otros factores estructurales (libertad de prensa, educación, buen sistema electoral) que permitan el desarrollo, a su vez, de elementos que ejercen como diques de contención contra nuevos actos de corrupción (publicidad y responsabilidad). En este artículo de resumirán estos factores, y se presentará como corpus del mismo una entrevista al director de Transparencia Internacional en España, Jesús Lizcano.

Palabras clave: corrupción, transparencia.

INTRODUCCIÓN

Durante los últimos veinte años, Europa ha vivido un proceso de cambio de gobiernos socialdemócratas hacia otros de carácter marcadamente neoliberal. El cambio del escenario político, sin embargo, se esgrime como un factor no único, sino eventual, en las democracias que se consideran consolidadas en el seno de la UE.

La multiplicidad de factores en los niveles de corrupción y transparencia de un estado es un concepto ampliamente aceptado (Albalate, 2012; Agbodohu, Arhenful & Chruchill, 2013; Lindsted & Nauri, 2010)

En los albores de la década de los noventa nacía Transparencia Internacional –en adelante, TI–, constituyéndose como una suerte de ente auditor de los niveles de corrupción de los países del globo a través de un índice de percepción de la misma –en adelante, IPC–. El criterio principal para la inclusión de un país en las primeras listas realizadas por TI era el uso de un mínimo de entre dos y cuatro encuestas a personas y grupos situados estratégicamente en las esferas del periodismo y de los negocios, y el tratamiento de los resultados estableciendo una media y calculando las varianzas (TI, 1995, 1996). En las últimas listas se sofisticó la metodología, utilizando hasta doce fuentes de información distintas y adaptando los datos obtenidos a una estandarización concreta (TI, 2015).

España hizo un dudoso debut en el primer IPC publicado, situándose en la mitad inferior de un ranquin de 41 países en 1995; el puesto actual es el número 36 en un *ranking* de 168 países a nivel global (GPI, 2015). Aunque situada por encima de la media, España ha sido señalado como escenario donde la corrupción institucional se ha fortalecido, puesto que "Los políticos y sus amigotes secuestran las instituciones estatales para apuntalarse en el poder[1]" (Transparency International, 2015). El resultado, divergente a la baja en relación a ediciones anteriores de la misma organización parece sorprendente en medio de una vorágine de peticiones de transparencia por parte de la sociedad civil y de políticas efectivas de transparencia o "cuentas claras" (Gobierno de España, 2016), tanto a nivel estatal como autonómico (AMB, 2016).

Se considera transparencia la publicación de información institucional relevante para su evaluación (Lindstet & Naurin, 2010), pero su efectividad se supedita a factores más complejos que van indefectiblemente enraizados al sistema de construcción democrática de las diversas estructuras que definen un país. En este caso, Linsdtet y Naurin (2010) se refieren a la publicidad en un sentido amplio que incluya la accesibilidad a los datos de transparencia, y la facilidad para que éstos puedan alcanzar un amplio espectro de audiencia.

Pero la publicidad de estos datos no surge solamente de la correcta disposición de los mismos desde las instituciones, sino del funcionamiento de mecanismos para generar opinión pública, como los medios de comunicación. Además, la libertad de prensa no tendrá un efecto tangible si no va acompañada de la percepción por parte de los agentes sujetos al escrutinio público (*verbi gratia*, políticos y altos funcionarios)

Sin embargo, la correcta publicidad de la corrupción y la transparencia en los medios también se supedita, a su vez, a cómo se gestiona la información y al nivel de independencia de éstos (Kiss, Körmendi & Németh, 2011); en cuanto al primer aspecto, los autores advierten que la sobresaturación de esta clase de noticias puede derivar en una "neurosis de la corrupción" que magnifique las percepciones negativas que tenga la persona lectora sobre su país (Hankiss, 2009, c.p. Kiss, Körmendi & Németh, 2011). La siguiente contrapartida es el riesgo de que las presiones y conflictos por parte de grupos de interés comprometan o restrinjan la libertad e independencia de publicación, aspecto ampliamente debatido por la opinión pública española respecto a la presencia de grandes entes empresariales en consejos de administración de grupos de comunicación (Évole & Lara, 2016). Por otra parte, la libertad de prensa no tendrá un efecto tangible si no va acompañada

El segundo gran pilar que sustenta la funcionalidad de la transparencia como herramienta útil contra la corrupción es la responsabilidad, entendida desde dos aspectos: la obligación de responder por lo gestionado, y el poder sancionador que permita dar una respuesta a la corrupción. Esta clase de responsabilidad limita el poder de los servidores públicos, evitando así el monopolio (, y rompiendo la ecuación de la corrupción que define Klitgaard (1998, c.p. Apaza,) como "la concentración del ejercicio del funcionariado, la libertad dada a los funcionarios para actuar de manera discrecional y la falta de responsabilidad (legal) (p.47)", y concluido por Apaza como "el resultado de monopolio más discrecionalidad menos responsabilidad (p.47)".

Para que sea efectiva y vinculante, la obligación de rendir cuentas debe responder a leyes nacionales y supranacionales que exijan transparencia en las cuentas y buena fe en la gestión. Lamentablemente, esperar que los mismos partidos políticos salpicados por escándalos de corrupción legislen en esa dirección debería despertar suspicacias, cuando no escepticismo.

Obviando ese conflicto, la regulación –y/o la legislación– se desprenden como variables más que importantes en el cómputo de factores determinantes en el pulso a la corrupción de un estado. Tanzi (1998) señala una de las consecuencias –o efectos perversos– de la sobrerregulación en forma de permisos, licencias y autorizaciones como herramienta para controlar las actividades socioeconómicas de un estado:

> La existencia de estas regulaciones requiere contactos frecuentes entre ciudadanos y burócratas. También requiere pasar grandes cantidades de tiempo adquiriendo permisos y hablando con funcionarios. Múltiples encuestas realizadas en distintos países indican que los empresarios de grandes y pequeñas empresas invierten gran parte de su tiempo en esta clase de gestiones burocráticas. Este tiempo, que dejan de invertir en la gestión de sus negocios, puede ser reducido pagando sobornos (p.11)

La corrupción institucional no es unidireccional, y el sujeto activo es variable. Cuando el sujeto que motiva el acto de corrupción pertenece al ámbito institucional, la búsqueda de responsabilidades debe centrarse en la gestión del escenario laboral del mismo, esto es, en factores como el proceso de selección, la calidad del puesto de trabajo, los criterios seguidos para promocionar o ascender, el nivel de nepotismo o las diferencia salarial entre funcionarios y trabajadores del sector privado (Tanzi, 1998).

CONCLUSIÓN

El colofón final no es una reflexión *per se*, sino la constatación de que los factores asociados a la corrupción tendrán un peso importante en su reducción o en su mutabilidad. La corrupción de un estado es fruto de un contexto político-cultural. Harstad & Svensson (2007) señalan los *lobbies* de presión como el cauce tomado por los grupos empresariales a la hora de influir en la Administración Pública; así, según los autores, la presencia de los *lobbies* será mayor en un país a medida que aumenten los distintos grados de persecución de delitos como el soborno, un efecto que acarrea de por sí consecuencias positivas y negativas. Sin pretender definir la actividad de *lobbying* como una alternativa al soborno, ambas estrategias de influencia se miden a través de una ecuación de gastos –en tiempo y dinero– y beneficios; y es que, tal y como expresa Jesús Lizcano, los *lobbies* no son en sí un elemento negativo, y su potencial de acercar intereses ciudadanos y/o empresariales a la Administración de manera legítima, pública y transparente no debería desdeñarse.

¿Existe una receta contra la corrupción? ¿Es realista hacer un análisis multifactorial de la misma en cada país? Aunque el objeto de este artículo no es dar respuesta a estas preguntas, algunos de los elementos tratados se preguntarán a Jesús Lizcano, presidente de Transparencia Internacional España, cuyas respuestas tienen por objetivo trazar unas líneas para contextualizar la situación de la corrupción en España, y que pueden desgranarse en los siguientes puntos:

- España ha empezado un proceso de legislación contra la corrupción cuyos resultados, por su relativa juventud, no se harán perceptibles a corto plazo.

- Los niveles de corrupción de la Administración Pública no son muy altos en relación a su tamaño, pero siguen siendo altos en comparación con los países nórdicos de la Unión Europea.

- En España, el problema de la corrupción afecta más a partidos políticos y a empresas que al funcionariado.

- Las políticas anticorrupción deben vincular a fuerzas y cuerpos de seguridad, jueces, a la sociedad civil y a los medios de comunicación. Asimismo, el seguimiento de las políticas es vital para asegurar su efectividad.

- Si bien España no ha regulado oficialmente la actividad de los *lobbies* existen algunos precedentes a los que prestar atención, como la Comisión Nacional de Mercados y Competencia.

- Wikileaks, las actuaciones de Edward Snowden o los papeles de Panamá ejercen un papel preventivo sobre posibles nuevos casos de corrupción, mandando un mensaje global claro: todo cuanto se hace puede salir a la luz.

BIBLIOGRAFÍA

Apaza, C. (2007). Public Management Challegne Ensuring Accountability and Controlling Corruption. *The Public Purpose*, vol. 4. Consultado el 28 de noviembre de 2016.

Autoritat Metropolitana de Barcelona (2016). Aula de transparencia – Transparència. *Transparencia.amb.cat*. Consultado el 29 de noviembre de 2016 en http://transparencia.amb.cat/web/finestres-de-transparencia/aula-de-transparencia

Transparency International. (2016). Transparency International – Country Profiles. *Transparency.org*. Consultado el 13 de noviembre 2016, en http://www.transparency.org/country#ESP_PublicOpinion

Évole, J. & Lara, R. (2016). Una hora con Cebrián [Salvados]. Barcelona: Producciones del Barrio.

Harstad, B. & Svensson, J. (2007). From Corruption to Lobbying and Economic Growth. Artículo en desarrollo. Kellogg School of Management.

Kiss, B., Körmendi, G. & Németh, E. (2011). Corruption and Publicity – The media's Impact on Corruption and its Social Judgement. *Public Finance Quarterly*, 56. Vol. 1. 58-66. p.

Naurin, D. (2007) *Deliberation behind Closed doors: Transparency and Lobbying in the European Union*. Colchester, UK: ECPR Press

Naurin, D. (2006). Transparency, publicity, accountability—the missing links. *Swiss Political Science Review*, 12, 90–98.

Portal de transparencia – Inicio. (2016). *Transparencia.gob.es*. Consultado el 29 de noviembre 2016, from http://transparencia.gob.es/

Tanzi, V. (1998). Corruption around the world, causes and Consequences, Scope and

Curse. *Working Paper No.* 98/63, IMF Fiscal Affairs Department, Washington DC, International Monetary Fund

Transparency International (1996). Corruption Perception Index 1996 Results. Consultado el 29 de noviembre de 2016.

Transparency International (1995). Corruption Perception Index 1995 Results. Consultado el 29 de noviembe de 2016.

Transparency International (2015). Corruption Perception Index 2015 Results. Consultado el 29 de noviembre de 2016.

ENTREVISTA A JESÚS LIZCANO ÁLVAREZ, PRESIDENTE DE TRANSPARENCIA INTERNACIONAL ESPAÑA Y CATEDRÁTICO DE LA UNIVERSIDAD AUTÓNOMA DE MADRID

LA TRANSPARENCIA A GRANDES RASGOS

¿Qué indicadores son clave para la evaluación del nivel de transparencia de una administración pública?

En Transparencia Internacional España venimos desarrollando una serie de Índices de Transparencia para distintas administraciones públicas tales como Ayuntamientos, Comunidades Autónomas, Parlamentos, Organismos del Agua y Diputaciones Provinciales. En todos estos índices hay una estructura similar, distinguiéndose normalmente un conjunto de seis áreas de transparencia, cada una de ellas con una serie de indicadores. En total recogemos 80 indicadores en cada uno de estos índices, siendo una buena parte de ellos diferentes de unas instituciones públicas a otras. Estos indicadores se agrupan usualmente en las seis áreas siguientes: a) Transparencia activa e información sobre la institución; b) Página web, relaciones con los ciudadanos y la sociedad y participación ciudadana; c) Transparencia económico-financiera; d) Transparencia en las contrataciones, convenios, subvenciones y costes de los servicios; e) Transparencia en materia de obras públicas, territorio, urbanismo y f) Derecho de acceso a la información. Todos estos indicadores los consideramos igualmente importantes, y a través de su medición llegamos finalmente a una valoración individual de cada una de las instituciones públicas analizadas, que publicamos en nuestra página web y presentamos públicamente a los medios de comunicación.

Los escándalos de corrupción afloran en el escenario internacional. ¿Ha incrementado la corrupción, o se han mejorado los mecanismos para detectarla?

A nivel internacional la corrupción sigue siendo muy alta, año tras año, como lo muestra el Índice de Percepción de la Corrupción que en Transparencia Internacional hacemos todos los años a escala mundial. Este índice se basa en un conjunto de doce encuestas elaboradas por once instituciones internacionales, y se proyecta todos los años sobre 170 países aproximadamente, viniendo a recoger la percepción que en cada uno de esos países se tiene sobre la corrupción, lo cual se deriva fundamentalmente del grado de casos y escándalos de corrupción existentes en cada nación. Normalmente la corrupción suele aumentar cada año en unos países y disminuir en estas valoraciones anuales, si bien es cierto que el nivel medio del conjunto de los países es claramente suspenso. En todo caso se pone de manifiesto un cierto avance institucional y legal en un buen número de países para prevenir y combatir la corrupción. En España, por ejemplo ha ido habiendo distintos avances en la normativa legal, y más concretamente en el Código Penal, la Ley de Transparencia, la Ley de Financiación de Partidos Políticos, etc., que establecen un marco más riguroso para combatir la corrupción en este país.

¿Cree que el surgimiento de iniciativas como Wikileaks o los casos de filtraciones como las realizadas por Edward Snowden (escuchas de la NSA) influyen, de algún modo, en la mejora de la transparencia de las instituciones?

El hecho de iniciativas como las de Wikileaks o de Edward Snowden suponen hechos muy impactantes, que revelan una gran cantidad de datos relacionados con algunos gobiernos y las administraciones públicas, y ello hace que se conozcan así muchos casos de conductas indebidas, ilegales o corruptas en esos países, con lo cual hay un mayor grado de conocimiento y de sensibilidad social para este tipo de hechos y actuaciones y de alguna manera genera la necesidad de evitar en el futuro hechos similares, dado que se supone que hay cada vez menos impunidad y más riesgo de difusión pública de este tipo de conductas, y se supone que ello viene a generar un cierto efecto positivo para el futuro, merced al aumento de riesgo para los corruptos o los protagonistas de estas conductas. Esa función preventiva de cara al futuro la han podido tener también las filtraciones habidas respecto a algunos paraísos fiscales en algunos despachos de abogados, por ejemplo, en Panamá, lo que de alguna manera viene a demostrar que las actuaciones de corrupción o de fraude nunca están protegidas del todo, lo cual elimina en buena medida la total impunidad tradicionalmente existente en muchos de estos ámbitos.

LOBBYING

Viajando al continente americano encontramos una actividad ingente de *lobbies* y grupos de presión, e incluso existe la figura del profesional del *lobbying* en los Estados Unidos y, con ello, un extenso corpus de regulaciones. En Febrero de 2014, se aprobó, con apoyo de Convergència i Unió y del Partido Popular, una resolución para crear un registro de *lobbies*. ¿Por qué cuesta tanto regular esta actividad en España?

En España existe un importante retraso respecto a otros países en cuanto a la regulación legal del *lobbying*, y es necesario que recuperemos ese terreno perdido lo antes posible. Hay efectivamente un estancamiento en un proyecto legal sobre esta materia, y ha habido normalmente una inercia negativa en las instituciones públicas, políticas y parlamentarias para sacar adelante una normativa que venga a regular y hacer transparente esta actividad. Es de esperar que después de que haya un gobierno en este país, se retomen distintos proyectos legales, entre ellos el de esta regulación de los grupos de interés, y se pueda llegar a tener un marco legal que posibilite una adecuada y transparente actividad de estos grupos. No hay que olvidar que el *lobbying* no es en sí mismo negativo, ya que es una forma de acercar a los ciudadanos a los políticos y legisladores, y lo que hay que asegurar mediante el correspondiente marco legal es que sea una actividad transparente, por una parte, es decir, se cree un registro de sujetos y actividades relacionadas con esta actividad, y que además sus actuaciones estén controladas y dentro de unas pautas que se establezcan legalmente. Si se deja que siga habiendo una opacidad y que en muchos casos estos grupos actúen defendiendo los intereses de alguna empresa o grupos de empresas en beneficio propio, y no de la colectividad, estaremos propiciando y manteniendo el *status* actual, que deja bastante que desear, y que hace innecesariamente sospechosa de ilegalidad a esta actividad, que se desarrolla de forma regulada en otros países. En todo caso hay buenos ejemplos de Registros de *lobbies* creados por algunas instituciones en España a nivel parlamentario, o a nivel de organismos como la Comisión Nacional de Mercados y Competencia, que puede utilizarse como un ejemplo o referente en materia de creación de registros de grupos de interés.

Con el Acuerdo Transatlántico sobre Comercio e Inversión (TTIP) en mente, y las sucesivas protestas acerca de la opacidad en su desarrollo, ¿Qué formas tiene la ciudadanía de saber si determinados grupos de presión han influido en la aprobación de leyes o en la adopción de políticas públicas específicas?

Es importante efectivamente que en el proceso de la gestación de los acuerdos supranacionales tales como este Acuerdo Transatlántico sobre Comercio e Inversión sea transparente, y que cuente con un cierto nivel de participación y control social, ya que eso les permitirá contar con un mayor apoyo ciudadanos, e incluso dará la oportunidad de que sus contenidos sean más eficientes y ajustados a los intereses comunes o generales de los ciudadanos, las empresas y otras instituciones. Si se llega a un texto ya muy avanzado sin haber pasado por ningún tipo de información o filtro social, público o institucional, los resultados pueden adolecer de un adecuado nivel de equidad y equilibrio social, que originará después una gran dificultad para cambiar estos hechos consumados, y por tanto generará una cierta conflictividad política y social, que se podría evitar con un mayor nivel de transparencia en el proceso de gestación de este tipo de acuerdos. Además, se debería contar con un mecanismo para seguir la huella legislativa del Acuerdo y poder saber efectivamente los grupos de presión que han intervenido en la gestación de los correspondientes borradores de tal acuerdo, lo cual no implica necesariamente que haya algo negativo en sus actuaciones, pero aclara en todo caso los intervinientes y coprotagonistas en la preparación de este tipo de acuerdos.

CORRUPCIÓN EN ESPAÑA

Esta pregunta peca de sencillez, pero el pulso social y político durante los últimos años indica la necesidad de una respuesta razonada a ella: ¿Cuál es el nivel de corrupción en las instituciones públicas españolas en comparación con el resto de países de la Unión Europea?

Si tenemos en cuenta que en España hay cerca de 20.000 instituciones públicas, entre los distintos niveles de Organismos estatales, Comunidades Autónomas, Diputaciones Provinciales, Ayuntamientos, Entidades locales, Consorcios, Empresas públicas, etc. el nivel medio de corrupción existente no es demasiado alto, y aunque es muy difícil comparar con otros países porque la estructura del sector público es muy distinta, se podría decir que estamos algo por encima de la media en cuanto a casos y procesos de corrupción en relación con algunos países, y desde luego claramente peor que los países nórdicos europeos, pero en todo caso no se puede decir en absoluto que haya una corrupción administrativa generalizada, como ocurre en algunos países, sobre todo de otros continentes. Aquí los funcionarios no están corrompidos, sino los casos de corrupción giran usualmente en torno a cargos políticos, con la connivencia o cooperación necesaria de empresas. En muchos otros países en cambio las instituciones y funcionarios están ampliamente contaminados de corrupción, desde los funcionarios judiciales a los policiales, etc. habiendo una metástasis en cuanto a corrupción de las administraciones públicas, lo que hace muy difícil por no decir imposible la solución a estos problemas en un corto o medio plazo. En España en cambio, al ser la corrupción eminentemente política, el problema es más abordable y desde luego se puede solucionar a medio y largo plazo, eso sí gracias al esfuerzo de ese amplio frente social que se va formando en este país, integrado por jueces, fiscales, fuerzas de seguridad (UDEF y UCO), medios de comunicación, y sociedad civil.

Como Presidente de Transparencia Internacional España, ¿Echa de menos algunas medidas específicas de transparencia en la actual legislación española que posean otros países?

En virtud de la Ley de Transparencia, que ha entrado en vigor para todas las instituciones públicas españolas a partir de diciembre de 2015, nos hemos acercado bastante a la mayor parte de los países europeos, y en general se han alcanzado los estándares medios existentes en otras normas y leyes de transparencia nacionales. En todo caso sigue habiendo algunas claras deficiencias en nuestra ley, algunas de ellas son reversibles a corto plazo y otras no tanto. Así, la Ley de Transparencia no contempla explícitamente un conjunto de infracciones y sus correspondientes acciones, lo que relaja bastante la exigencia del cumplimiento legal; por otra parte, tiene incluido el silencio negativo, con lo cual los ciudadanos están más desprotegidos ante la negativa o simplemente la no contestación a sus requerimientos informativos por parte de las instituciones públicas, y por otra parte, hay bastantes elementos por desarrollar de una forma pormenorizada, ya que la ley los ha dejado de una forma muy difusa o al menos poco clara, y es tan necesario como urgente que se publique un Reglamento de esta ley, dado que han pasado casi tres años desde su aprobación y estamos sin desarrollo reglamentario, lógico y necesario en cualquier ley para su correcta aplicación y adecuado control.

José Ugaz, Presidente de Transparencia Internacional, dio a entender en una entrevista que el imperio de la Ley –o una fuerte legislación– no son indicativos de transparencia, y puso a España como ejemplo de país que, a pesar de tener una legislación extensa, adolece de corrupción. ¿Cuál es su punto de vista al respecto?[2]

En España se va contando ya con una amplia legislación en materia de transparencia y de lucha contra la corrupción, si bien hay que tener en cuenta que es bastante reciente, dado que las últimas y más importantes leyes en este ámbito llevan vigentes muy pocos años, tales como la modificación del Código Penal, que incluye nuevos casos de corrupción, así como una intensificación de las sanciones, la regulación de la corrupción privada o entre particulares, la responsabilidad penal de las empresas, etc.; también la Ley de Transparencia es reciente (y no está desarrollada a través de un Reglamento, como decíamos antes), así como la reciente Ley de Financiación de Partidos Políticos, que es más estricta que las anteriores y lleva también poco tiempo vigente, y por tanto este nuevo marco legal contra la corrupción no ha dado todavía sus mayores frutos, si bien es de esperar que la situación vaya revertiendo y que efectivamente los casos de corrupción, que están siendo cada vez más detectados, atajados y procesados judicialmente, puedan ir disminuyendo en el futuro y no sólo merced a ese amplio y reciente marco legal, sino también a la actuación más intensa y convencida de la ciudadanía y la sociedad civil de este país. También es importante que se vayan ampliando los medios judiciales para un desarrollo eficaz de las acciones previstas en estas nuevas leyes, ya que si la justicia sigue siendo tan lenta como lo ha sido hasta el momento, la eficacia de las leyes y el control de su cumplimiento son mucho menores. Hay que resolver esa deficiencia de recursos judiciales, que se evidencia claramente por el dato de que España cuenta con la mitad aproximadamente de jueces que la media europea, ya que en Europa hay 21 jueces por 100.000 habitantes y en España sólo hay 11 jueces, lo que refleja claramente el importante déficit existente en este terreno, que desde luego hay que intentar resolver en el más inmediato plazo posible.

La presión ciudadana ha obligado a los principales partidos políticos a presentar en sus programas medidas de regeneración democrática. ¿Ha hecho Transparencia Internacional alguna evaluación de las medidas propuestas por cada partido?

En Transparencia Internacional España hemos venido haciendo una evaluación de la transparencia y de los compromisos contra la corrupción de los distintos Partidos políticos. Hemos hecho ésto en el año 2014, y también en el año 2015. En virtud de esos análisis y de una forma proactiva hemos creado dos Comisiones de estudio, una primera Comisión de Medidas legales y sociales contra la corrupción, y una segunda Comisión relativa a la Prevención de la corrupción en contrataciones y licitaciones públicas. Como consecuencia de los trabajos de ambas Comisiones, hemos remitido antes de las elecciones a los Partidos un conjunto de cien medidas para que las incluyeran en sus programas electorales; de esas cien medidas cuarenta iban destinadas de forma transversal a combatir la corrupción, cuarenta y cinco iban dirigidas a atajar y prevenir la corrupción en las contrataciones públicas, y otras quince son relativas a evitar la corrupción en los procesos de las subvenciones públicas. Hay que reconocer que nunca los programas electorales de los Partidos políticos españoles han estado tan cargados de medidas relacionadas con la regeneración, la transparencia y la lucha contra la corrupción, habiendo incorporado una buena parte de las medidas que les habías propuesto. También les habíamos pedido una serie de compromisos contra la corrupción, que suscribieron la generalidad de los Partidos políticos, por lo que se va viendo que la presión social y de organizaciones como la nuestra y otras de la sociedad civil ha influido en buena medida en las medidas de los Partidos políticos a nivel electoral. Ahora falta, y eso es sin duda lo más importante, que los Partidos políticos y especialmente el/los que gobiernen próximamente, cumplan todos estos compromisos adquiridos, y se pueda avanzar así de forma sustantiva en el problema de la corrupción en este país. En todo caso la sociedad civil y Transparencia Internacional España vamos a estar permanentemente atentos para controlar el nivel de cumplimiento o incumplimiento de estos compromisos y promesas electorales.

PREVISIONES DE FUTURO

¿Cree que la percepción de la corrupción en Europa ha podido influir en la proliferación del sentimiento euroescéptico?

No creo que sea la percepción de la corrupción el principal factor del aumento del euroescepticismo dentro de los países europeos, ya que en muchos de ellos no hay una percepción significativa de este fenómeno, y en otros se atribuye la corrupción a fenómenos e instituciones y políticos nacionales, no etiquetándose a las instituciones europeas como corruptas. Hay otros problemas o sensaciones que los ciudadanos europeos tienen sobre Europa y sus instituciones, como es la gran ineficacia en el cumplimiento de objetivos económicos, sociales, etc. por parte de las instituciones europeas, así como las diversas y desiguales reacciones de muchos gobiernos europeos en relación con diversos e importantes problemas como la distribución de los recursos económicos, la acogida a refugiados, etc. en cuyos países han surgido ciertos populismos o nacionalismos que merman de forma muy sustantiva la idea y los objetivos de una verdadera Unión Europea.

¿Qué puede hacer la ciudadanía para ayudar a mejorar la transparencia en su país?

Los ciudadanos tanto en España como en otros países tienen que ser más activos en sus actuaciones para impulsar la mejora de la transparencia de las instituciones y atajar la corrupción. Lo usual en la ciudadanía en este terreno es actuar sólo cuando hay citas electorales, con el depósito de su voto, y tampoco es así siempre. Es por ello que en los períodos intermedios entre citas electorales los ciudadanos tienen que estar más implicados y desarrollar algún tipo de actuaciones, colaboraciones sociales a través de Foros, ONG´s, opiniones en los medios, etc. para fomentar así ese mayor control social sobre la clase política que propicie unos mayores cambios en los dirigentes y Partidos políticos que en países como España tienen prácticamente todo el poder social, y de esa manera contribuyan a cambiar y a mejorar la situación. En este país queda un largo camino por recorrer en cuanto a una vertebración activa de la sociedad y la ciudadanía, aunque hay que reconocer que se va avanzando en este terreno, siendo éste uno de los desafíos más importantes para nuestras nuevas generaciones, que creo en todo caso que tienen una actitud distinta y más proactiva que la que hemos tenido las generaciones anteriores.

Notas

1. "politicians and their cronies are increasingly hijacking state institutions to shore up power"
2. Entrevista a José Ugaz: https://www.youtube.com/watch?v=hXjjoRDVevU

Análisis de redes sociales y delincuencia de cuello blanco

Un nuevo enfoque analítico en criminología

Jaume Hombrado Trenado. @JaumeHombrado

RESUMEN

El análisis de redes es una herramienta proveniente de la Sociología de escaso uso en el resto de ciencias sociales. Pese a ello, publicaciones como la de Young (2011) demuestran que podrían ser de especial utilidad para el ámbito de estudio de la Criminología. Por ello, con el fin de mostrar la utilidad de esta herramienta tanto en el mundo científico, como en el campo aplicado, así como para proponer un nuevo enfoque analítico de la delincuencia de cuello blanco, se propone un estudio de caso sobre los Papeles de Panamá empleando esta metodología.

Palabras clave: Análisis de redes, delincuencia de cuello blanco, Papeles de Panamá, Teoría del Auto-Control

INTRODUCCIÓN

La delincuencia denominada como "delincuencia de cuello blanco" (Sutherland, 1949) ha constituido una de las tipologías delictivas que más repercusión social y mediática ha suscitado en los últimos años, constituyendo en el caso de la corrupción y el fraude la segunda preocupación por parte de los españoles, según el barómetro del Centro de Investigaciones sociológicas (2016).

Tampoco el campo de la investigación en ciencias sociales se ha quedado al margen de este fenómeno delictivo, pues muchas son las publicaciones, tanto a nivel nacional como internacional, que tienen en el foco de sus investigaciones buscar mecanismos en pro de una mayor prevención y detección de esta casuística delictiva (Benson, Madensen y Eck, 2009; Braithwaite, 1985; Shover, 1998; schnatterly, 2010).

Gracias a contribuciones como la Teoría del Auto-Control (Gottfredson y Hirschi, 1990) podríamos indicar, con relativa certeza, que el elemento estructural es un factor clave para el desarrollo de este tipo de delincuencia, pues sin la existencia de una organización o estructura no se podría entender la delincuencia de cuello blanco (Sutherland, 1949).

También existiría un segundo elemento de suma importancia para que se pueda conjurar esta casuística delictiva: la confianza. Dicha importancia no es debida, únicamente, a las menciones que se realiza en el ordenamiento jurídico español cuando se refiere a la delincuencia de cuello blanco, sino a la importancia que tendrá este elemento en el desarrollo del presente artículo, especialmente por la metodología que se llevará a cabo y por las conclusiones que podrán derivarse.

Haciendo mención al uso de las metodologías empleadas en los diferentes artículos podemos apreciar cómo en la mayor parte de las contribuciones solo se concluye haciendo mención a los mecanismos que nombrábamos anteriormente, buscando aconsejar a las instituciones sobre qué medidas deben llevar a cabo para una mejor detección y prevención de la delincuencia de cuello blanco. También en el ordenamiento jurídico español se ha hecho hincapié en la búsqueda de medidas que dificulten la comisión de esta tipología delictiva, siendo los programas de cumplimiento (*Compliance Officer programmes*[1]) ejemplo de ello.

Sin entrar a discutir sobre la eficacia de estos mecanismos propuestos, la verdad es que no existen publicaciones que busquen analizar el carácter estructural de la delincuencia de cuello blanco. La explicación de este hecho podría ser debido a múltiples factores: la opacidad aún existente sobre esta tipología delictiva por parte de las instituciones, la dificultad de acceso a una muestra que permita estudiar casos concretos (dicha dificultad aumenta exponencialmente en caso de buscar muestras representativas) o la falta de recursos para realizar estudios de rigor en este campo podrían ser algunos de los factores

Haciendo mención a herramientas analíticas en clave estructural, una de las metodologías más conocidas en el campo de la Sociología es el Análisis de Redes Sociales (Otte y Rousseau, 2002).

Dicha metodología, pese a ser habitualmente empleada en el ámbito de la Sociología de las Organizaciones, no ha sido especialmente empleada en otras ciencias sociales, tampoco en nuestro campo científico. Uno de los pocos ejemplos que se pueden encontrar en la literatura sería la publicación de Young (2011), donde se aplica el análisis de redes sociales para ejemplificar la veracidad de la Teoría del Auto-Control (Gottfredson & Hirschi, 1990) en el ámbito educativo en relación a los grupos de referencia de los adolescentes.

Por ello, con el fin de dar a conocer la utilidad del análisis de redes en materia criminológica, así como la oportunidad de realizar un nuevo enfoque sobre la delincuencia de cuello blanco, este artículo llevará a cabo un estudio de caso sobre los Papeles de Panamá, el mediático caso de actualidad que salió a la luz en 2016, en el cual aparecían múltiples personalidades, tanto a nivel político, como cultural, deportivo, etc. Un artículo de Planas (2016) hace especial mención a qué son los Papeles de Panamá, así como algunas claves para entenderlo en profundidad.

ELEMENTOS INTRODUCTORIOS AL ANÁLISIS DE REDES

Tal como hemos nombrado anteriormente, poco se ha aplicado el análisis de redes sociales (o Social Network Analysis) en el ámbito de la Criminología. Fruto de ello es necesario introducir para este artículo la siguiente cuestión: ¿Qué es exactamente el análisis de redes?

Coffman, Marcus y Moy (2006) lo definen de forma de muy práctica indicando que es un mecanismo que permite el estudio de las interacciones de los seres humanos.

Adicionalmente, esta metodología cobra sentido gracias a teorías de la Sociología de las Organizaciones (Haythornthwaite, 1996; Tichy, Tushman y Fombrun, 1979), pues se encuentra muy relacionada con teorías como la del capital social de Bourdieu (1987), pues, tal como se explicará posteriormente en detalle, en análisis de redes lo importante es conocer cómo son las relaciones entre los individuos de un determinado universo, dejando en un papel secundario la importancia de los sujetos incorporados.

Volviendo a la definición facilitada por Coffman, Marcus y Moy (2006), cabe realizar dos aclaraciones: en primer lugar, cuando se hace referencia a un estudio mediante la aplicación del análisis de redes, cabe indicar lo siguiente:

a. Los sujetos no son el eje vertebrador de esta metodología en cuestión, más bien sus interacciones, por lo que los sujetos per se no configuran los elementos centrales de este tipo de estudios.

b. La consecuencia de este cambio en el momento de realizar un análisis de redes sobre cualquier tipo de objeto de estudio residirá en, por ejemplo, el tipo de información que seleccionará, pues no se preguntará, en la mayoría de ocasiones, sobre características de los individuos, sino más bien por sus vinculaciones con otros individuos.

c. Otra consecuencia derivada de este cambio del foco en el que centraremos el análisis es el lenguaje: por una parte, en este tipo de análisis, las unidades que configuran una red no son mencionados como sujetos, sino que se denominan "nodos"[2] . Por otra parte, cuando se recoge información sobre las características de los nodos, se hace con la finalidad de establecer qué tipo de relaciones se están realizando entre los individuos. A estas características de los nodos se las menciona en el mundo del análisis de redes como "atributos".

En segundo lugar, se necesita realizar esta aclaración por las connotaciones derivadas del término "redes sociales": cuando se hace mención a una metodología basada en análisis de redes sociales se hace referencia a una definición más "conservadora" de lo que supone el término redes sociales: pese a que en la RAE lo define como una "Plataforma digital de comunicación global que pone en contacto a gran número de usuarios" cuando se refiere al término de redes sociales, deberíamos relacionarlo más con el concepto que se recoge en la novena acepción del término "red" ("Conjunto de personas relacionadas para una determinada actividad, por lo general de carácter secreto, ilegal o delictivo").

Es necesario hacer mención a esta segunda aclaración para precisar que el análisis de redes no requiere que la población se encuentre sujeta a una plataforma digital para proceder a su estudio, necesitando solo de la capacidad del investigador para acceder y limitar un determinado universo de nodos, así como ser capaz de recolectar toda aquella información que considere imprescindible para configurar los atributos de los nodos del universo en cuestión.

Una vez se dispone de los requisitos comentados anteriormente, es necesario confeccionar dos tipos de matrices de datos con la información recogida previamente: 1) una matriz binaria, usualmente simétrica, donde se haga mención a la presencia o ausencia de relación entre los diferentes nodos configuradores de una red y 2) tantas matrices como atributos hayamos recogido sobre los nodos. Una vez confeccionadas dichas matrices, es necesario introducirlas en software destinados a la confección de redes.

Tradicionalmente, las redes se han realizado empleando mecanismos manuales y en múltiples ocasiones tediosos, siendo una complicación añadida para dar validez a esta herramienta analítica, pues los primeros estudios basados en análisis de redes se emplearon para validar hipótesis como la concerniente a la idea de los seis grados de separación.

Esta hipótesis, presentada por Karinthy (1929) y posteriormente testada por Guare (1999), trataba uno de los inicios del análisis de redes, pues se intentó testar que, con 6 distancias, es decir, pasando por 6 personas una carta (sin la existencia de las TIC), se podía llegar sin problema de una parte de Estados Unidos a la opuesta. Esta teoría se validó posteriormente para indicar que esos 6 grados de separación son las distancias que existen entre cualquiera de los individuos del mundo.

No obstante, con el paso del tiempo y el avance de las TIC se han ido desarrollando herramientas informáticas para dotar de mayor facilidad en el empleo del análisis de redes, siendo algunos ejemplos paquetes de programas como UciNet (Borgatti, Everett y Freeman, 2002) para dibujar las redes completas[3], aunque según el tipo de red que se desee configurar, existen otros programas informáticos como EgoNet (McCarty, 2014), capaces de generar redes centradas en torno a un único nodo (denominadas redes "egocentradas"). Por otra parte, para poder dibujar y visualizar las redes más allá de los posibles cálculos que se puedan realizar mediante el programa informático, también existe software capaz de plasmar los datos introducidos mediante matrices en mapas visuales para así ejemplificar mejor las redes producidas en los diferentes análisis.

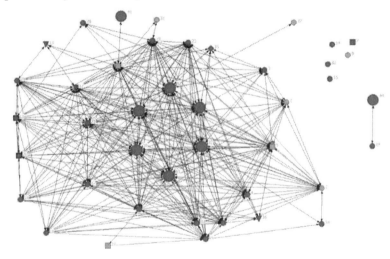

Figura 1: Entramado rizomático en forma de red resultante de la conjugación entre actores de los Papeles de Panamá. Elaboración propia.[4]

El programa UciNet (Borgatti, Everett y Freeman, 2002) permite, por ejemplo, modificar los nodos visualmente para también visualizar los atributos y hacer de la figura resultante un instrumento capaz de transmitir el máximo de información posible con solo mirar la imagen. En este caso, se ha optado por modificar el color, forma y tamaño de los nodos, haciendo mención a los tres atributos que se introdujeron en la red en cuestión.

No obstante, si hacíamos mención a que lo importante en análisis de redes es conocer las relaciones que existen entre los individuos, cabe indicar que en una red con tantas conexiones como la mostrada en esta figura, o en redes donde haya una gran cantidad de nodos, la posibilidad de ejemplificar y clarificar cuáles son las relaciones entre nodos mediante líneas en una imagen supone un trabajo complejo.

Por ello, el análisis de redes, así como el software que sirve para realizar este tipo de análisis, permiten calcular multitud de indicadores para así poder hacer llegar explicaciones sobre las características de los vínculos que hay en las redes con la finalidad de obtener características tales como posibles subgrupos en la red seleccionada, el prestigio de los nodos de una red, cohesión de la misma, etc. Todo ello con la finalidad de establecer conclusiones sobre los rasgos que configuran la red.

Dejando de lado las "bondades" que puedan explicarse en este apartado introductorio en relación al análisis de redes, también cabe hacer hincapié al rigor que puede aportar el uso de dicha herramienta, pues todos los programas informáticos que emplean esta metodología son capaces de producir múltiples medidas, con el fin de medir las cualidades de las redes que introduzcamos en los software informáticos. Estas medidas son las que nos permitirán poder sacar conclusiones verosímiles en relación al estudio de caso que se tratará en el presente artículo.

BREVE RESEÑA A LOS PAPELES DE PANAMÁ

¿Qué son exactamente los Papeles de Panamá? ¿Por qué son un tema de actualidad? Pese a que el suceso de los Papeles de Panamá no ha pasado inadvertido a ojos de los medios de masas. No solo con el artículo de Planas (2016) mencionado anteriormente, artículos como los de Escudero (2016) también realizan extensas publicaciones periodísticas en pro de una explicación comprensiva acerca de esta trama delictiva.

El término de Papeles de Panamá se emplea para hacer mención al suceso de filtración de información relativa a archivos confidenciales que disponían Mossack Fonseca, un despacho de abogados panameño.

En dichos documentos se recoge miles de nombres de personas físicas que ocultaban el patrimonio de sus empresas en paraísos fiscales. Esta lista de nombres incluía miles de personalidades de distintos ámbitos, siendo algunos ejemplos los políticos Vladimir Putin o David Cameron, así como el futbolista Leo Messi.

Pese a que inicialmente se desconocía la aproximación del número sujetos que se encontraban en los archivos recogidos por la firma de abogados panameña, el Consorcio Internacional de Periodistas de Investigación (ICIJ) publicó un listado completo de todas las personas que figuraban en estos documentos, distribuyendo toda la información por países.

METODOLOGÍA

Para el desarrollo del apartado metodológico, cabe hacer mención a tres aspectos: objetivos, hipótesis, explicación de la metodología.

En primer lugar, en relación con los objetivos de este estudio cabe indicar que, un primer objetivo reside en conocer cuál es el vínculo existente entre los diferentes actores políticos involucrados en el caso de los Papeles de Panamá, a fin de conocer, mediante la herramienta analítica del análisis de redes, una explicación plausible y verosímil acerca su vinculación.

Un segundo objetivo se basaría en conocer si las redes de delincuencia de cuello blanco, aprovechando que estamos empleando herramientas de carácter estructural, son creadas por cuestiones meramente azarosas o, por lo contrario, son creadas por cuestiones relacionadas por la confianza, atendiendo a variables como el género, parentesco, etc.

No solo con establecer los objetivos de la investigación, se presentan dos hipótesis a testar. La primera hipótesis se introduce a efectos de conocer cuáles son las características de las vinculaciones entre individuos de cuello blanco.

> H1: las redes de delincuencia de cuello blanco tenderán a formar redes muy densas.

Una segunda hipótesis, relacionada con el segundo objetivo serviría para conocer las características de los individuos involucrados en la delincuencia de cuello blanco.

> H2: las redes de delincuencia de cuello blanco tenderán a formar un elevado número de sub-comunidades.

Esta segunda hipótesis se formula a razón del estudio de Young (2011), donde hace mención a una de característica predominante en las redes de jóvenes delincuentes, la homofilia[5]

DISEÑO DE ESTUDIO

Establecidos los objetivos e hipótesis a testar, solo queda proceder al desarrollo de la metodología mediante el análisis de redes, el cual se articula en diferentes procesos que se deben tener en cuenta y que deben ser nombrados a efectos de poder someter a crítica el modelo de análisis empleada a lo largo del artículo.

Dicho proceso consta de diversas fases que se organizan de la siguiente forma:

CONTEXTUALIZACIÓN DE LA POBLACIÓN

En relación a la contextualización del universo muestral, como bien se ha indicado en apartados anteriores, supone imprescindible delimitar qué población se va a estudiar para empezar a confeccionar una matriz de datos y, posteriormente, la red que se va a analizar.

Para este estudio, el universo de actores que se ha seleccionado para llevar a cabo el presente artículo será el del entramado de actores de la arena política española implicada en los papeles de Panamá. A su vez, se ha decidido incluir a miembros que, pese a no haber estado involucrados en dicha trama de delincuencia, se podrían considerar miembros de especial relevancia para el desarrollo de la red, puesto que, sin ellos, la red podría perder actores clave que sirvan de "actores puente"[6]. El criterio de inclusión de estos miembros a la red se corresponde con actores políticos de gran repercusión mediática en la actualidad. Por ello, considerando su relación con los actores directamente implicados en los Papeles de Panamá, se ha decidido incluir hasta un total de 6 nodos adicionales. El número de individuos seleccionados para confeccionar la red asciende hasta obtener un total de 44 nodos.

Como se indicado anteriormente, existen dos tipos de redes a seleccionar: redes completas y redes egocentradas. Para nuestro estudio de caso se ha considerado oportuno confeccionar una red completa, puesto que no se busca poner el foco de análisis sobre un único individuo de la red, sino que se desea conocer la relación que existe entre todos los miembros de la red que se ha elaborado, siendo objeto de análisis la red en su conjunto y no un único individuo.

Adicionalmente, como ejercicio para demostrar la importancia que cobran los actores que hemos incluido adicionalmente en la red, pero que no figuran directamente en los Papeles de Panamá, se ha decidido hacer un apartado en el análisis de los resultados empleando una red egocentrada como foco analítico a uno de estos sujetos. El criterio que se ha adoptado para la elección del sujeto responde a la idea de elegir a un actor con gran relevancia en la arena política y mediática.

SELECCIÓN DE LAS FUENTES A EMPLEAR

En cuanto a la selección de las fuentes a emplear para el estudio, así como la obtención de los datos a tratar, se ha empleado una búsqueda mediante fuentes secundarias. Concretamente, para el desarrollo de esta red se ha empleado la base de datos "Factiva"[7]. Esta base de datos permite realizar extensos análisis de datos buscando en las menciones que se realicen en los Mass Media en diferentes niveles (media a nivel nacional/internacional, idioma del medio de comunicación, años de la búsqueda, parámetros sobre ítems que deseen incluirse o excluirse de las búsquedas, etc.

El uso de esta base de datos para el desarrollo del estudio ha sido clave, puesto que ha permitido recoger de forma sistemática y rigurosa toda la información que se requería en relación a la vinculación entre todos los sujetos, así como poder obtener información acerca de los atributos de los individuos. Cabe añadir que conocer datos como el número de menciones en prensa ha configurado información muy valiosa a efectos de establecer la variable de "impacto mediático" en el estudio.

Por ello, con el fin de hacer una búsqueda operativa, se han llevado a cabo tres tipos de procesos de recolección de información en la base de datos:

1. En primer lugar, se llevó a cabo un doble proceso de búsqueda de cada individuo en los medios por separado. Una primera fase de este proceso se basaba en la búsqueda de noticias que relacionaban a los sujetos con el ítem "Papeles de Panamá", mientras que en una segunda fase del proceso se excluían aquellos artículos periodísticos se incluían el ítem de "Papeles de Panamá". Este proceso se llevó a cabo con el fin de conocer el impacto mediático de cada individuo, tanto antes, como después de destapar mediáticamente la existencia de dicha trama de evasión fiscal.

2. En segundo lugar, se correlacionaron todos y cada uno de los 44 individuos entre ellos excluyendo el ítem "Papeles de Panamá". Este segundo proceso se llevó a cabo para conocer cuál era la relación entre los individuos en otros ámbitos ajenos a los Papeles de Panamá (con el fin de conocer con mayor exactitud si la relación existente entre los individuos era debida exclusivamente a los Papeles de Panamá, o bien, si dicha relación existía antes de destapar la trama delictiva).

3. Por último, se volvieron a relacionar los 44 individuos entre ellos nuevamente, pero esta vez incluyendo el ítem "Papeles de Panamá". Esta última búsqueda es la que se emplearía para recoger toda aquella información necesaria para dibujar la red en la que se establece la relación entre los individuos. Cabe comentar que se excluyeron aquellas noticias donde se nombraban a todos los individuos, a fin de sobrevalorar las relaciones entre individuos y así realizar una mejor aproximación de lo que sería la red.

El rango de recogida de datos se realizó atendiendo al parámetro de Factiva porque permitía incluir las noticias de más antigüedad posibles en la base de datos hasta la actualidad, a fin de evitar perder cualquier tipo de información en relación a los individuos y considerando que ello no iba a suponer una excesiva y desproporcionada carga de trabajo para desarrollar el mismo.

SELECCCIÓN DE MATERIALES E INSTRUMENTOS DE RECOGIDA DE INFORMACIÓN

Cabe destacar que el sistema de recogida de información se lleva a cabo mediante fuentes secundarias, que uno de los principales inconvenientes es que no se podrán proponer preguntas a los individuos que se van a incluir en la red, puesto que el uso de este tipo de información solo permite obtener información acorde a los parámetros que dicha fuente de información dispone. El punto positivo del emplear bases de datos es que permiten una mayor comodidad en la tarea de sistematizar la información obtenida, ya que Factiva facilita, de forma relativamente sencilla y cómoda, datos sobre el número de menciones en prensa, configurar limitaciones temporales a la búsqueda, etc. Datos que hubiesen sido mucho más difíciles de obtener haciendo uso de otras fuentes de datos: si hacemos mención a los elementos introductorios sobre análisis de redes, preguntar directamente a la muestra que hemos seleccionado hubiese impedido realizar cualquier tipo de estudio por la inaccesibilidad a los individuos incluidos en la red.

Pese a este posible inconveniente derivado del uso de bases de datos, sí que ha sido posible establecer una serie de variables a tener en cuenta para configurar los atributos de los nodos de la red, atributos que se han determinado a razón de los parámetros que permitían establecer las búsquedas en Factiva. Ello ha permitido establecer un total de tres atributos para los nodos de la red: 1) género de los nodos; 2) grado de impacto mediático en relación a los Papeles de Panamá (variable en que se recogieron todos los resultados obtenidos y se codificaron a fin de obtener varios intervalos, a efectos de hacer dicha variable más comprensiva para el lector) y 3) tipo de rol en la red (político o individuo ajeno a los Papeles de Panamá).

La justificación de estos atributos se debe a la necesidad de detallar diferentes aspectos de todos y cada uno de los nodos. El género se justifica con el fin de conocer, por ejemplo, el rol de las mujeres en entramados de delincuencia de cuello blanco, puesto que podría ser factible pensar que el rol de las mujeres en una red de delincuencia de cuello blanco, concretamente en el campo de la política estatal, es debida a cubrir el *status quo* de su marido, corroborando la idea de que este tipo de redes se configuran atendiendo a criterios de confianza. Esta idea de la instrumentalización de la mujer no es nueva: Giacomello y Ovalle (2006) ya hacen mención al rol de la mujer en el mundo de la drogodependencia como objeto para así disponer de mayores facilidades para consumir el delito.

Si nos basamos en la justificación del atributo del impacto mediático, cabe indicar se emplea con el fin de conocer hasta qué punto los actores estaban en el foco de atención mediática antes de los Papeles de Panamá, así como observar si han sido más atendidos mediáticamente por los medios a razón de este caso concreto.

Para llevar a cabo la investigación, se han elaborado un total de cinco matrices: dos matrices completas de relación entre nodos y tres de atributos. Como bien se ha indicado, las redes completas expresan la relación entre individuos mediante una variable binaria (1 indica presencia y 0 ausencia), así como también la red de atributo relacionada con el género y con el tipo de rol en la red.

La red del atributo "grado de impacto mediático" es una variable creada de elaboración propia, específicamente para este estudio de caso. Esta variable resulta de codificar y clasificar en gradaciones el porcentaje que se ha obtenido de la división de las noticias vinculadas a los papeles de Panamá entre el total de noticias del individuo en concreto, pudiendo clasificarlo en una escala Likert del 1 al 5 (donde 5 sería que todas las noticias en las que ha salido el individuo hacen relación al caso concreto y 1 que la mayoría de noticias del individuo tienen que ver con cuestiones ajenas a los Papeles de Panamá).

La recogida de datos será de índole virtual, debido a que todo el proceso de recolección de información se llevará a cabo mediante Factiva. Las listas de individuos serán cerradas, puesto que se ha delimitado el número de actores que se han incluido en la red. Se podría interpretar que las listas son abiertas, dado que los actores que no están relacionados directamente con los "Papeles de Panamá" se incluyeron después de establecer el primer listado de individuos en la red a incluir y se visualizaron diferentes noticias a fin de obtener nuevos individuos *ad hoc*.

¿QUÉ UTILIDAD EXISTE TRAS UNA NEBULOSA DE LÍNEAS Y PUNTOS? ANÁLISIS DE DATOS OBTENIDOS

A continuación se presentarán todos los datos analizados mediante el software UciNet (Borgatti, Everett y Freeman, 2002) a razón de la red generada. Para mejor comprensión del lector, y con el fin de hacer más cómoda la lectura, se adjuntarán todos los cálculos y figuras correspondientes a todos los análisis. En primer lugar, para identificar con mayor claridad a cada actor involucrado en la red, se adjunta el listado de actores introducidos junto con la codificación que ha recibido.

Tabla 1: Listado de individuos seleccionados para la red. [8]

Número del nodo	Actor	Rango Mediático	Rol	Género
1	Corinna Zu Sayn-Wittgenstein	1	1	2
2	Mar García Vaquero	1	1	2
3	Jesús Barderas	1	1	1
4	Rodrigo Rato	1	1	1
5	Micaela Domecq	2	1	2
6	Javier de la Rosa Martí	1	1	1
7	Javier de la Rosa Misol	2	1	1
8	Javier de la Rosa*	1	1	1
9	Mercedes De la Rosa	1	1	2
10	Gabriela de la Rosa	2	1	2
11	Edmundo Rodríguez Sobrino	4	1	1
12	Francisco Franco Suelves	3	1	1

Número del nodo	Actor	Rango Mediático	Rol	Género
13	Juan José Franco Suelves	3	1	1
14	Cándido Conde-Pumpido Tourón	1	1	1
15	Cándido Conde-Pumpido Varela	1	1	1
16	Cándido Conde-Pumpido*	1	1	1
17	Borja Thyssen	1	1	1
18	Miguel Ángel Marcano	1	1	1
19	José Manuel Soria	1	1	1
20	Luis Alberto Soria	4	1	1
21	Alberto Alcocer	1	1	1
22	Alberto Cortina	1	1	1
Número del nodo	Actor	Rango Mediático	Rol	Género
23	Miguel Blesa	1	1	1
24	Arturo Fasana	1	1	1
25	Pilar de Borbón	2	1	2

26	Oleguer Pujol	1	1	1
27	Carmen Thyssen	1	1	2
28	José Luis Juste	1	1	1
29	Francisco Paesa	1	1	1
30	Amalio de Marichalar	999	1	1
31	Camen Lomana	1	1	2
32	Luís María Ansón	1	1	1
33	Antonio Hernández Mancha	1	1	1
34	Manuel Fernández de Sousa	1	1	1
35	Alberto Ruíz Thiery	5	1	1
36	Luís Pineda	3	1	1
37	Felipe González	1	2	1
38	Miguel Arias Cañete	1	2	1
39	Juan Carlos de Borbón	1	2	1

40	José María Aznar	1	2	1
41	Juan Gómez Acebo	1	2	1
42	Mariano Rajoy	1	2	1
43	Felipe de Borbón	1	2	1
44	Juan Carlos Escotet	1	2	1

Como se indicaba en apartados anteriores, en los programas que realizan análisis de redes, se permite realizar diferentes medidas y cálculos, con el fin de resaltar conclusiones con mayor facilidad en relación a los nodos y, en caso de medidas relacionadas con la centralidad de la red o redes egocentradas, en relación a ego (nodo foco de análisis) y los alters (los nodos relacionados con ego), las cuales se irán explicando a medida que se vaya progresando en cada una de las medidas.

MEDIDAS DE COHESIÓN

Las medidas de cohesión hacen referencia a todos aquellos análisis relacionados con las características de la red en general, haciendo mención al tipo de vínculos que existen entre los diferentes nodos de una red (Haythornthwaite, 1996 y Borgatti, Everett y Freeman, 2002)

DENSIDAD

En matrices binarias como la que se desarrolla en el presente artículo, es la proporción de relaciones existentes/las relaciones posibles (N*N-1). Obtenemos un valor entre 0 y 1, y se expresa como porcentaje.

La densidad mide la proporción de relaciones existentes dividida entre el total de relaciones existentes. En este caso, observamos como la densidad de la red tiene un valor de 0.3288, que debe expresarse en formato porcentual (32.9%). Este valor podría interpretarse como un valor de densidad media indicando que existen un tercio de todos los enlaces posibles en una red. Podríamos suponer que este valor aumentaría exponencialmente si depurásemos y eliminásemos algunos nodos que hemos considerado como nulos. Los nodos que se han considerado como nulos son los nodos 6 y 7 (Javier de la Rosa, padre e hijo), 14 y 15 (Cándido Conde-Pumpido, padre e hijo), así como el nodo número 30 (Amalio de Marichalar). En los primeros dos pares de nodos, se indicaron como nulos puesto que las noticias no hacían clara mención a si las noticias eran referentes al padre o al hijo, puesto que compartían nombre y apellidos. En el caso del nodo número 30, la base de datos no encontraba ningún resultado para este sujeto, pese a que en los medios sí que se hacía una mención concreta a su participación en los Papeles de Panamá.

```
BLOCK DENSITIES OR AVERAGES

Density (matrix average) = 0.3288
Standard deviation = 0.4698
```

Figura 2. Cálculo de la densidad de la red.

ACCESIBILIDAD

La accesibilidad hace mención a la posibilidad que pueda tener cualquier nodo de la red a cualquier otro, A título personal, junto con los cliqués, la accesibilidad de la red es un indicador especialmente interesante en relación a la accesibilidad, puesto que muestra, una vez calculado el indicador, una gran accesibilidad entre los diferentes nodos. Ello se podría interpretar aludiendo que la red goza de una gran confianza entre los individuos por el motivo por el que se ha configurado.

```
REACHABILITY
----------------------------------------------------------------------------

For each pair of nodes, the algorithm finds whether there exists a path of any
length that connects them.

                    1 1 1 1 1 1 1 1 1 1 2 2 2 2 2 2 2 2 2 2 3 3 3 3 3 3 3 3 3 3 4 4 4 4
        1 2 3 4 5 6 7 8 9 0 1 2 3 4 5 6 7 8 9 0 1 2 3 4 5 6 7 8 9 0 1 2 3 4 5 6 7 8 9 0 1 2 3 4
        1 2 3 4 5 6 7 8 9 1 1 1 1 1 1 1 1 1 1 2 2 2 2 2 2 2 2 2 2 3 3 3 3 3 3 3 3 3 3 4 4 4 4 4

  1   1     1 1 1 1 0 0 1 0 1 1 1 1 0 1 0 1 1 1 1 1 1 1 1 1 1 1 1 0 1 0 1 1 1 1 1 1 1 1 1 1 1 0
  2   2   1   1 1 1 0 0 1 0 1 1 1 1 0 0 1 1 0 1 1 1 1 1 1 1 1 1 1 0 1 0 1 1 1 1 1 1 1 1 1 1 1 0
  3   3   1 1   1 0 0 1 0 1 1 1 1 0 0 1 0 1 1 1 1 1 1 1 1 1 1 1 0 1 0 1 1 1 1 1 1 1 1 1 1 1 0
  4   4   1 1 1   1 0 0 1 0 1 1 1 1 0 0 1 0 1 1 1 1 1 1 1 1 1 1 1 0 1 0 1 1 1 1 1 1 1 1 1 1 1 0
  5   5   1 1 1 1   0 0 1 0 1 1 1 1 0 0 1 0 1 1 1 1 1 1 1 1 1 1 1 0 1 0 1 1 1 1 1 1 1 1 1 1 1 0
  6   6   0 0 0 0 0   0 0 0 0 0 0 0 0 0 0 0 0 0 0 0 0 0 0 0 0 0 0 0 0 0 0 0 0 0 0 0 0 0 0 0 0 0
  7   7   0 0 0 0 0 0   0 0 0 0 0 0 0 0 0 0 0 0 0 0 0 0 0 0 0 0 0 0 0 0 0 0 0 0 0 0 0 0 0 0 0 0
  8   8   1 1 1 1 0 0   0 1 1 1 1 0 0 1 1 0 1 1 1 1 1 1 1 1 1 1 0 1 0 1 1 1 1 1 1 1 1 1 1 1 0
  9   9   0 0 0 0 0 0 0 0   0 0 0 0 0 0 0 0 0 0 0 0 0 0 0 0 0 0 0 0 0 0 0 0 0 0 0 0 0 0 0 0 0
 10  10   1 1 1 1 0 0 1 0   1 1 1 0 0 1 1 0 1 1 1 1 1 1 1 1 1 1 0 1 0 1 1 1 1 1 1 1 1 1 1 1 0
 11  11   1 1 1 1 0 0 1 0 1   1 1 0 0 1 1 0 1 1 1 1 1 1 1 1 1 1 0 1 0 1 1 1 1 1 1 1 1 1 1 1 0
 12  12   1 1 1 1 0 0 1 0 1 1   1 0 0 1 1 0 1 1 1 1 1 1 1 1 1 1 0 1 0 1 1 1 1 1 1 1 1 1 1 1 0
 13  13   1 1 1 1 0 0 1 0 1 1 1   0 0 1 1 0 1 1 1 1 1 1 1 1 1 1 0 1 0 1 1 1 1 1 1 1 1 1 1 1 0
 14  14   0 0 0 0 0 0 0 0 0 0 0 0   0 0 0 0 0 0 0 0 0 0 0 0 0 0 0 0 0 0 0 0 0 0 0 0 0 0 0 0 0
 15  15   0 0 0 0 0 0 0 0 0 0 0 0 0   0 0 0 0 0 0 0 0 0 0 0 0 0 0 0 0 0 0 0 0 0 0 0 0 0 0 0 0
 16  16   1 1 1 1 0 0 1 0 1 1 1 1 0 0   1 0 1 1 1 1 1 1 1 1 1 1 0 1 0 1 1 1 1 1 1 1 1 1 1 1 0
 17  17   1 1 1 1 0 0 1 0 1 1 1 1 0 0 1   0 1 1 1 1 1 1 1 1 1 1 0 1 0 1 1 1 1 1 1 1 1 1 1 1 1
 18  18   0 0 0 0 0 0 0 0 0 0 0 0 0 0 0 0   0 0 0 0 0 0 0 0 0 0 0 0 0 0 0 0 0 0 0 0 0 0 0 0 0
 19  19   1 1 1 1 0 0 1 0 1 1 1 1 0 0 1 1 0   1 1 1 1 1 1 1 1 1 0 1 0 1 1 1 1 1 1 1 1 1 1 1 0
 20  20   1 1 1 1 0 0 1 0 1 1 1 1 0 0 1 1 0 1   1 1 1 1 1 1 1 1 0 1 0 1 1 1 1 1 1 1 1 1 1 1 0
 21  21   1 1 1 1 0 0 1 0 1 1 1 1 0 0 1 1 0 1 1   1 1 1 1 1 1 1 0 1 0 1 1 1 1 1 1 1 1 1 1 1 0
 22  22   1 1 1 1 0 0 1 0 1 1 1 1 0 0 1 1 0 1 1 1   1 1 1 1 1 1 0 1 0 1 1 1 1 1 1 1 1 1 1 1 0
 23  23   1 1 1 1 0 0 1 0 1 1 1 1 0 0 1 1 0 1 1 1 1   1 1 1 1 1 0 1 0 1 1 1 1 1 1 1 1 1 1 1 0
 24  24   1 1 1 1 0 0 1 0 1 1 1 1 0 0 1 1 0 1 1 1 1 1   1 1 1 1 0 1 0 1 1 1 1 1 1 1 1 1 1 1 0
 25  25   1 1 1 1 0 0 1 0 1 1 1 1 0 0 1 1 0 1 1 1 1 1 1   1 1 1 0 1 0 1 1 1 1 1 1 1 1 1 1 1 0
 26  26   1 1 1 1 0 0 1 0 1 1 1 1 0 0 1 1 0 1 1 1 1 1 1 1   1 1 0 1 0 1 1 1 1 1 1 1 1 1 1 1 0
 27  27   1 1 1 1 0 0 1 0 1 1 1 1 0 0 1 1 0 1 1 1 1 1 1 1 1   1 0 1 0 1 1 1 1 1 1 1 1 1 1 1 0
 28  28   1 1 1 1 0 0 1 0 1 1 1 1 0 0 1 1 0 1 1 1 1 1 1 1 1 1   0 1 0 1 1 1 1 1 1 1 1 1 1 1 0
 29  29   1 1 1 1 0 0 1 0 1 1 1 1 0 0 1 1 0 1 1 1 1 1 1 1 1 1 1   0 1 0 1 1 1 1 1 1 1 1 1 1 0
 30  30   0 0 0 0 0 0 0 0 0 0 0 0 0 0 0 0 0 0 0 0 0 0 0 0 0 0 0 0   0 0 0 0 0 0 0 0 0 0 0 0 0
 31  31   1 1 1 1 0 0 1 0 1 1 1 1 0 0 1 1 0 1 1 1 1 1 1 1 1 1 1 0   0 1 1 1 1 1 1 1 1 1 1 1 0
 32  32   0 0 0 0 0 0 0 0 0 0 0 0 0 0 0 0 0 0 0 0 0 0 0 0 0 0 0 0 0   0 0 0 0 0 0 0 0 0 0 0 0
 33  33   1 1 1 1 0 0 1 0 1 1 1 1 0 0 1 1 0 1 1 1 1 1 1 1 1 1 1 0 1 0   1 1 1 1 1 1 1 1 1 1 0
 34  34   1 1 1 1 0 0 1 0 1 1 1 1 0 0 1 1 0 1 1 1 1 1 1 1 1 1 1 0 1 0 1   1 1 1 1 1 1 1 1 1 0
 35  35   1 1 1 1 0 0 1 0 1 1 1 1 0 0 1 1 0 1 1 1 1 1 1 1 1 1 1 0 1 0 1 1   1 1 1 1 1 1 1 1 0
 36  36   1 1 1 1 0 0 1 0 1 1 1 1 0 0 1 1 0 1 1 1 1 1 1 1 1 1 1 0 1 0 1 1 1   1 1 1 1 1 1 1 0
 37  37   1 1 1 1 0 0 1 0 1 1 1 1 0 0 1 1 0 1 1 1 1 1 1 1 1 1 1 0 1 0 1 1 1 1   1 1 1 1 1 1 0
 38  38   1 1 1 1 0 0 1 0 1 1 1 1 0 0 1 1 0 1 1 1 1 1 1 1 1 1 1 0 1 0 1 1 1 1 1   1 1 1 1 1 0
 39  39   1 1 1 1 0 0 1 0 1 1 1 1 0 0 1 1 0 1 1 1 1 1 1 1 1 1 1 0 1 0 1 1 1 1 1 1   1 1 1 1 0
 40  40   1 1 1 1 0 0 1 0 1 1 1 1 0 0 1 1 0 1 1 1 1 1 1 1 1 1 1 0 1 0 1 1 1 1 1 1 1   1 1 1 0
 41  41   1 1 1 1 0 0 1 0 1 1 1 1 0 0 1 1 0 1 1 1 1 1 1 1 1 1 1 0 1 0 1 1 1 1 1 1 1 1   1 1 0
 42  42   1 1 1 1 0 0 1 0 1 1 1 1 0 0 1 1 0 1 1 1 1 1 1 1 1 1 1 0 1 0 1 1 1 1 1 1 1 1 1   1 0
 43  43   1 1 1 1 0 0 1 0 1 1 1 1 0 0 1 1 0 1 1 1 1 1 1 1 1 1 1 0 1 0 1 1 1 1 1 1 1 1 1 1   0
 44  44   0 0 0 0 0 0 0 0 0 0 0 0 0 0 0 0 1 0 0 0 0 0 0 0 0 0 0 0 0 0 0 0 0 0 0 0 0 0 0 0 0 0
```

Figura 2. Cálculo de la accesibilidad.

RECIPROCIDAD

La reciprocidad hace referencia al número de nodos que admiten tener vinculación mutua. En relación a la reciprocidad, cabe comentar que no implica especial interés en realizar este cálculo fruto de los mecanismos por los cuales se han obtenido los datos. Al extraer los datos de una fuente secundaria, se da por hecho que las relaciones son recíprocas, entendiendo que una noticia va a nombrar a los dos individuos a la vez. Por ello, se ha prescindido en relación a este indicador.

DISTANCIA GEODÉSICA

La distancia geodésica, a diferencia de la accesibilidad, hace mención al número de pasos que debe llevar a cabo un determinado nodo de la red para poder llegar a sus *alters*. En relación a la distancia geodésica, cabe comentar que la mayoría de actores son accesibles entre ellos sin recurrir a intermediarios: ello se puede apreciar en la misma frecuencia de vínculos a distancia 1 existente. Además, resulta de interés ver como existen tan pocos individuos que necesiten recurrir a otros, encontrando como una explicación de que es una red donde dichos actores, al tratar un tema relacionado con la evasión fiscal, sería evidente suponer que tienen relaciones muy cercanas entre ellos por el motivo que les aúna. Cabe comentar que los últimos individuos (a partir del nodo 37), que se corresponden con los individuos no directamente implicados en los "Papeles de Panamá", son aquellos en los que se puede visualizar en la matriz de resultados como aquellos que tienen una menor distancia entre los diferentes nodos (prácticamente todo son distancias de 1 o 2 pasos), fenómeno que podría explicarse dada la importancia mediática o política que tienen los individuos.

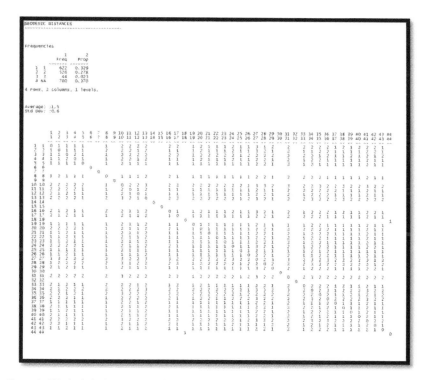

Figura 3. Cálculo de la distancia geodésica.

FLUJO

Resulta de interés conocer el flujo de la red en cuestión, pues, tal como puede observarse, es habitual ver en la red cómo existe una capacidad de transmisión entre los diferentes individuos, más especialmente cuando se trata de una red basada en la evasión fiscal y siendo actores políticos de relevancia en España, es de suponer este grado de transmisión entre los mismos. Una vez más, resulta impactante conocer cómo los personajes que no se encuentran implicados en la trama de evasión fiscal, son aquellos que tienen una mayor capacidad de transmisión entre individuos, pudiendo destacar el individuo número 37 (Felipe González).

```
MAXIMUM FLOW
```

	1	2	3	4	5	6	7	8	9	10	11	12	13	14	15	16	17	18	19	20	21	22	23	24	25	26	27	28	29	30	31	32	33	34	35	36	37	38	39	40	41	42	43	44
1	44	15	11	15	15	0	0	15	0	2	15	15	4	0	0	15	15	0	15	15	15	15	15	15	15	15	1	5	15	0	2	0	15	3	7	7	15	15	15	15	1	15	15	0
2	15	44	11	21	21	0	0	21	0	2	20	21	4	0	0	18	21	0	21	19	21	21	21	19	21	21	1	5	21	0	2	0	18	3	7	7	21	21	21	21	1	21	21	0
3	11	11	44	11	11	0	0	11	0	2	11	11	4	0	0	11	11	0	11	11	11	11	11	11	11	11	1	5	11	0	2	0	11	3	7	7	11	11	11	11	1	11	11	0
4	15	21	11	44	22	0	0	22	0	2	20	22	4	0	0	18	22	0	22	19	22	22	22	19	22	22	1	5	22	0	2	0	18	3	7	7	22	22	22	22	1	22	22	0
5	15	21	11	22	44	0	0	24	0	2	20	24	4	0	0	18	23	0	28	19	24	25	25	19	28	26	1	5	23	0	2	0	18	3	7	7	26	23	24	25	1	22	24	0
6	0	0	0	0	0	44	0	0	0	0	0	0	0	0	0	0	0	0	0	0	0	0	0	0	0	0	0	0	0	0	0	0	0	0	0	0	0	0	0	0	0	0	0	0
7	0	0	0	0	0	0	44	0	0	0	0	0	0	0	0	0	0	0	0	0	0	0	0	0	0	0	0	0	0	0	0	0	0	0	0	0	0	0	0	0	0	0	0	0
8	15	21	11	22	24	0	0	44	0	2	20	24	4	0	0	18	23	0	24	19	24	24	24	19	24	24	1	5	23	0	2	0	18	3	7	7	24	23	24	24	1	22	24	0
9	0	0	0	0	0	0	0	0	44	0	0	0	0	0	0	0	0	0	0	0	0	0	0	0	0	0	0	0	0	0	0	0	0	0	0	0	0	0	0	0	0	0	0	0
10	2	2	2	2	2	0	0	2	0	44	2	2	2	0	0	2	2	0	2	2	2	2	2	2	2	2	1	2	2	0	2	0	2	2	2	2	2	2	2	2	1	2	2	0
11	15	20	11	20	20	0	0	20	0	2	44	20	4	0	0	18	20	0	20	19	20	20	20	19	20	20	1	5	20	0	2	0	18	3	7	7	20	20	20	20	1	20	20	0
12	15	21	11	22	24	0	0	24	0	2	20	44	4	0	0	18	23	0	24	19	24	24	24	19	24	24	1	5	23	0	2	0	18	3	7	7	24	23	24	24	1	22	24	0
13	4	4	4	4	4	0	0	4	0	2	4	4	44	0	0	4	4	0	4	4	4	4	4	4	4	4	1	4	4	0	2	0	4	3	4	4	4	4	4	4	1	4	4	0
14	0	0	0	0	0	0	0	0	0	0	0	0	0	44	0	0	0	0	0	0	0	0	0	0	0	0	0	0	0	0	0	0	0	0	0	0	0	0	0	0	0	0	0	0
15	0	0	0	0	0	0	0	0	0	0	0	0	0	0	44	0	0	0	0	0	0	0	0	0	0	0	0	0	0	0	0	0	0	0	0	0	0	0	0	0	0	0	0	0
16	15	18	11	18	18	0	0	18	0	2	18	18	4	0	0	44	18	0	18	18	18	18	18	18	18	18	1	5	18	0	2	0	18	3	7	7	18	18	18	18	1	18	16	0
17	15	21	11	22	23	0	0	23	0	2	20	23	4	0	0	18	44	0	23	19	23	23	23	19	23	23	1	5	23	0	2	0	18	3	7	7	23	23	23	23	1	22	23	0
18	0	0	0	0	0	0	0	0	0	0	0	0	0	0	0	0	0	44	0	0	0	0	0	0	0	0	0	0	0	0	0	0	0	0	0	0	0	0	0	0	0	0	0	1
19	15	21	11	22	28	0	0	24	0	2	20	24	4	0	0	18	23	0	44	19	25	25	25	19	28	26	1	5	23	0	2	0	18	3	7	7	26	23	24	25	1	22	24	0
20	15	19	11	19	19	0	0	19	0	2	19	19	4	0	0	18	19	0	19	44	19	19	19	19	19	19	1	5	19	0	2	0	18	3	7	7	19	19	19	19	1	19	19	0
21	15	21	11	22	24	0	0	24	0	2	20	24	4	0	0	18	23	0	24	19	44	24	24	19	24	24	1	5	23	0	2	0	18	3	7	7	24	23	24	24	1	22	24	0
22	15	21	11	22	25	0	0	25	0	2	20	25	4	0	0	18	23	0	25	19	24	44	25	19	25	25	1	5	23	0	2	0	18	3	7	7	25	23	24	25	1	22	24	0
23	15	21	11	22	25	0	0	25	0	2	20	25	4	0	0	18	23	0	25	19	24	25	44	19	25	25	1	5	23	0	2	0	18	3	7	7	25	23	24	25	1	22	24	0
24	15	19	11	19	19	0	0	19	0	2	19	19	4	0	0	18	19	0	19	19	19	19	19	44	19	19	1	5	19	0	2	0	18	3	7	7	19	19	19	19	1	19	19	0
25	15	21	11	22	28	0	0	24	0	2	20	24	4	0	0	18	23	0	28	19	24	25	25	19	44	26	1	5	23	0	2	0	18	3	7	7	26	23	24	25	1	22	24	0
26	15	21	11	22	26	0	0	24	0	2	20	24	4	0	0	18	23	0	26	19	24	25	25	19	26	44	1	5	23	0	2	0	18	3	7	7	26	23	24	25	1	22	24	0
27	1	1	1	1	1	0	0	1	0	1	1	1	1	0	0	1	1	0	1	1	1	1	1	1	1	1	44	1	1	0	1	0	1	1	1	1	1	1	1	1	1	1	1	0
28	5	5	5	5	5	0	0	5	0	2	5	5	4	0	0	5	5	0	5	5	5	5	5	5	5	5	1	44	5	0	2	0	5	3	5	5	5	5	5	5	1	5	5	0
29	15	21	11	22	23	0	0	23	0	2	20	23	4	0	0	18	23	0	23	19	23	23	23	19	23	23	1	5	44	0	2	0	18	3	7	7	23	23	23	23	1	22	23	0
30	0	0	0	0	0	0	0	0	0	0	0	0	0	0	0	0	0	0	0	0	0	0	0	0	0	0	0	0	0	44	0	0	0	0	0	0	0	0	0	0	0	0	0	0
31	2	2	2	2	2	0	0	2	0	2	2	2	2	0	0	2	2	0	2	2	2	2	2	2	2	2	1	2	2	0	44	0	2	2	2	2	2	2	2	2	1	2	2	0
32	0	0	0	0	0	0	0	0	0	0	0	0	0	0	0	0	0	0	0	0	0	0	0	0	0	0	0	0	0	0	0	44	0	0	0	0	0	0	0	0	0	0	0	0
33	15	18	11	18	18	0	0	18	0	2	18	18	4	0	0	18	18	0	18	18	18	18	18	18	18	18	1	5	18	0	2	0	44	3	7	7	18	18	18	18	1	18	18	0
34	3	3	3	3	3	0	0	3	0	2	3	3	3	0	0	3	3	0	3	3	3	3	3	3	3	3	1	3	3	0	2	0	3	44	3	3	3	3	3	3	1	3	3	0
35	7	7	7	7	7	0	0	7	0	2	7	7	7	0	0	7	7	0	7	7	7	7	7	7	7	7	1	5	7	0	2	0	7	3	44	7	7	7	7	7	1	7	7	0
36	7	7	7	7	7	0	0	7	0	2	7	7	7	0	0	7	7	0	7	7	7	7	7	7	7	7	1	5	7	0	2	0	7	3	7	44	7	7	7	7	1	7	7	0
37	15	21	11	22	26	0	0	24	0	2	20	24	4	0	0	18	23	0	26	19	24	25	25	19	26	26	1	5	23	0	2	0	18	3	7	7	44	23	24	25	1	22	24	0
38	15	21	11	22	23	0	0	23	0	2	20	23	4	0	0	18	23	0	23	19	23	23	23	19	23	23	1	5	23	0	2	0	18	3	7	7	23	44	23	23	1	22	23	0
39	15	21	11	22	24	0	0	24	0	2	20	24	4	0	0	18	23	0	24	19	24	24	24	19	24	24	1	5	23	0	2	0	18	3	7	7	24	23	44	24	1	22	24	0
40	15	21	11	22	25	0	0	25	0	2	20	25	4	0	0	18	23	0	25	19	24	25	25	19	24	25	1	5	23	0	2	0	18	3	7	7	25	23	24	44	1	22	24	0
41	1	1	1	1	1	0	0	1	0	1	1	1	1	0	0	1	1	0	1	1	1	1	1	1	1	1	1	1	1	0	1	0	1	1	1	1	1	1	1	1	44	1	1	0
42	15	21	11	22	22	0	0	22	0	2	20	22	4	0	0	18	22	0	22	19	22	22	22	19	22	22	1	5	22	0	2	0	18	3	7	7	22	22	22	22	1	44	22	0
43	15	21	11	22	24	0	0	24	0	2	20	24	4	0	0	18	23	0	24	19	24	24	24	19	24	24	1	5	23	0	2	0	18	3	7	7	24	23	24	24	1	22	44	0
44	0	0	0	0	0	0	0	0	0	0	0	0	0	0	0	0	0	1	0	0	0	0	0	0	0	0	0	0	0	0	0	0	0	0	0	0	0	0	0	0	0	0	0	44

Figura 4. Cálculo del Flujo de la red.

MEDIDAS DE CENTRALIDAD

Las medidas de centralidad, a título general, hacen referencia a todas aquellas medidas que se focalizan en las medidas de todos y cada uno de los nodos de una red a fin de destacar cuál de ellos reúne características peculiares en la misma, siendo dichas características algunas de las mencionadas en los siguientes indicadores.

GRADO DE FREEMAN

El Grado de Freeman es medida que calcula el número de veces que cada nodo hace de intermediario para otros *alters*. Una vez realizada esta medida, resulta curioso ver cómo, de entre los tres primeros actores con un valor más elevado en este indicador, el segundo hace referencia a Mariano Rajoy (nodo 42) el cual no pertenece a los papeles de Panamá y que el tercero hace referencia al exministro Soria (nodo número 19), cuya relevancia mediática y dentro del Partido Popular es evidente. La primera persona que aparece reflejada es Pilar de Borbón (nodo número 25).

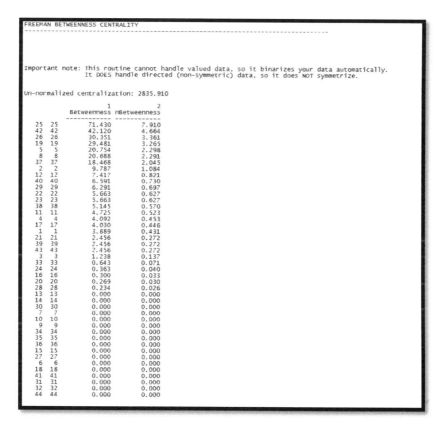

Figura 5. Cálculo del Grado de Freeman. Elaboración propia.

INDICADOR BONACICH (PODER Y PRESTIGIO)

Como segundo indicador de centralidad se ha optado por Bonacich, tanto haciendo referencia a su modalidad de Poder (? = -0,5, es decir, egos que tienen otros *alters* menos conectados con otros), como en su modalidad de prestigio (? = -0,5, es decir, aquellos egos que tienen mayor conexión con otros *alters*). En relación al poder, cabe indicar que el individuo más poderoso sería el número 13 y el menos poderoso el número 5, atendiendo a los cálculos, mientras que, en relación al prestigio, el individuo más prestigioso sería el número 8 y el 29 el menos prestigioso.

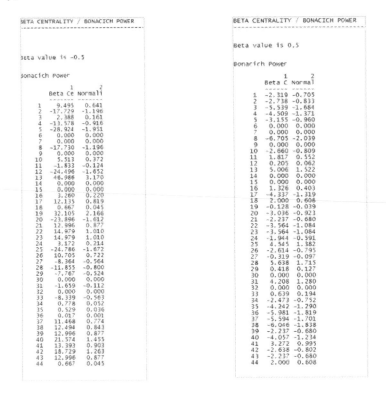

Figura 6. Cálculo indicador de Bonacich: poder (izquierda) y prestigio (derecha).Elaboración propia.

COMUNIDADES Y SUBGRUPOS: CLIQUÉS

Una de las medidas más interesantes que se pueden realizar en análisis de redes es conocer qué posibles comunidades se han podido ir confeccionando en el desarrollo de un universo seleccionado, puesto que este elemento cobra mayor importancia una vez se le es capaz de otorgar atributos a los diferentes nodos. Por ello, una de las medidas más famosas para conocer la existencia de estas comunidades se denomina "cliqués" (o "cliques").

Los cliqués (Herrero, 2000) hacen referencia a grupos dentro de una red, generalmente de tres individuos, que han manifestado, a su vez, tener vinculación entre ellos. En las redes convencionales que se generan, la existencia de cliqués suele ser poco frecuente, puesto que nombrarse entre ellos tres individuos no es habitual, por lo que normalmente se emplea una medida conocida como "N-cliqués". Esta última medida ayuda a crear subcomunidades aumentando en mayores valores la distancia que debe existir entre esos individuos (siendo siempre un mínimo de tres nodos), para así generar con mayor facilidad dichas comunidades.

No obstante a la dificultad con la que se pueden generar los cliqués en las redes convencionales, resulta interesante conocer la cantidad de cliqués que se derivan de la red. Si bien la expectativa era encontrar algunos cliqués, puesto que tratamos una red de delincuencia de cuello blanco basada en evasión fiscal, era de espera encontrar diversos subgrupos que implicasen, en su interpretación, un alto grado de confianza en esos subgrupos. Ello explicaría el motivo por el cual hay tanta gente cercana interconectada, denotando una red de alta confianza. Sin duda, este indicador resulta especialmente explicativo para entender que la delincuencia fiscal y donde los entramados de actores recurren a gente cercana y de confianza y que, a su vez, pertenece a su círculo de amistades más cercano (Barbero, 2004).

Como ejemplo de explicación de alguno de los cliqués, se hará mención al cliqué número 14. Es interesante el estudio de este cliqué porque relaciona a la perfección, en un mismo subgrupo, toda la clase política del PP (Aznar, Rajoy, Soria y Cañete) con los miembros relacionados con la Casa Real española, así como con empresarios relevantes (Alberto Cortina), hecho que supondría que, en efecto, hay un entramado de actores muy concreto para llevar a cabo este tipo de delitos.

```
CLIQUES
------------------------------------------------------------------------

26 cliques found.

    1:   5  8 12 17 19 20 21 22 23 24 25 26 29 37 38 39 40 43
    2:   4  5  8 12 17 19 21 22 23 25 26 29 37 38 39 40 43
    3:   2  4  5 12 17 19 21 22 23 25 26 29 37 38 39 40 43
    4:   2  4  5 12 16 17 19 21 22 23 25 26 29 37 39 40 43
    5:   2  4  5 12 16 19 21 22 23 25 26 29 33 37 39 40 43
    6:   5 12 19 21 22 23 24 25 26 29 33 37 39 40 43
    7:   4  5  8 12 17 19 21 22 23 25 26 37 38 39 40 42 43
    8:   5  8 12 17 19 20 21 22 23 25 26 37 38 39 40 42 43
    9:   4  5 12 19 21 22 23 25 26 33 37 39 40 42 43
   10:   1  4  5  8 19 21 22 23 25 26 37 39 43
   11:   1  2  4  5 19 21 22 23 25 26 37 39 43
   12:   5  8 11 12 17 19 20 21 22 23 24 25 26 29 38 39 40 43
   13:   5 11 12 16 17 19 21 22 23 25 26 29 39 40 43
   14:   5  8 11 12 17 19 20 21 22 23 25 26 38 39 40 42 43
   15:   3  5  8 19 25 37 38 40 42
   16:   1  3  5  8 19 25 37
   17:   2  3  5 19 25 37 38 40
   18:   1  2  3  5 19 25 37
   19:   5 12 13 25 29
   20:   3  5 25 35 37 38 40 42
   21:  11 19 25 28 42
   22:   1 19 25 28
   23:  19 25 31
   24:   8 10 26
   25:   2 26 34 37
   26:   4  5  8 17 19 22 23 36
```

Figura 7. Cálculo cliqués. Elaboración propia.

ANÁLISIS POSICIONAL: EQUIVALENCIA AUTOMÓRFICA

El análisis posicional hace referencia, como bien indica la palabra, a la posición que ocupa un nodo dentro de una red, entendiendo estas posiciones como características en común que cumplen dichos nodos. Si seguimos las explicaciones que facilita Colina (1996), indica en su reflexión sobre la teoría del análisis de redes que la idea tras del análisis posicional reside en conocer qué nodos de una red comparten rasgos de conducta con sus *alters*, permitiendo destacar grupos conglomerados dentro de una red. Vulgarmente este análisis podría definirse con la idea de "dime con quien vas y te diré quién eres". Existen multitud de análisis posicionales, desde el relacionado más con el tipo de estructura de red formada, hasta el automórfico, siendo mecanismos más o menos laxos a la hora de permitir encuadrar los nodos en una posición u otra en el momento de realizar el análisis.

Así pues, el motivo por el cual se opta por la equivalencia automórfica es por dos motivos:

1) puesto que tratamos una red simétrica

2) puesto que permite mayor flexibilidad a la hora de establecer diferentes conglomerados de actores.

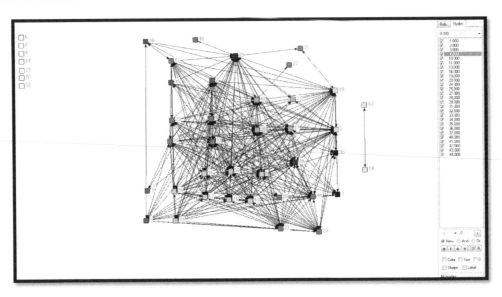

Figura 8. Mapa equivalencia automórifca. Elaboración propia.

Entre alguno de los conglomeramos más extensos, podemos destacar el que configura el grupo con Rodrigo Rato y Felipe González, donde se podría destacar que el color político no necesariamente debe ser un factor a tener en cuenta para la conformación de estas subcomunidades. Otro grupo interesante que se configura es el de Juan Carlos y Felipe de Borbón, los cuales son relacionados en un mismo conglomerado con familiares de Franco, así como con empresarios (Alcocer) y con Conde-Pumpido (cuyo padre era miembro del Tribunal Supremo).

EGO *NETWORK*

No solo con el análisis de la red completa, a efectos de poder observar como uno de los miembros introducidos en la red, pese a no estar involucrado en la red, puede ostentar a ser un miembro relevante dentro de la misma. En consecuencia, se ha considerado de interés realizar un breve cálculo de las medidas básicas de una ego-*network*, concretamente la del individuo 42, Mariano Rajoy. El motivo por el cual se escoge este actor es porque se encontraba en una posición muy elevada en el indicador del Grado de Freeman, es decir, es un individuo dentro de la red que hace una función como intermediario entre nodos en múltiples ocasiones. Por ello, sumado a que es un actor de suma relevancia política y mediática, se ha considerado de interés realizar su red egocentrada con algunos cálculos.

```
EGO NETWORKS
--------------------------------------------------------

Input dataset:  ███████████████████████████████████

Density Measures

          1       2       3       4      5      6      7      8      9     10     11     12     13     14     15     16
        Size    Ties   Pairs Densit AvgDis Diamet nweakC pweakC 2StepR 2StepP ReachE Broker nBroke nClose EgoBet nEgoBe
        ----    ----   ----- ------ ------ ------ ------ ------ ------ ------ ------ ------ ------ ------ ------ ------
   1 42  23.00 358.00 506.00  70.75                 2.00   8.70 23.00 100.00   6.04  74.00   0.29 358.00  31.56  12.47
   2  3   9.00  68.00  72.00  94.44   1.06   2.00   1.00  11.11 23.00 100.00  13.22   2.00   0.06  68.00   0.29   0.79
   3  4  17.00 266.00 272.00  97.79   1.02   2.00   1.00   5.88 23.00 100.00   6.93   3.00   0.02 266.00   0.21   0.16
   4  5  21.00 352.00 420.00  83.81   1.16   2.00   1.00   4.76 23.00 100.00   6.08  34.00   0.16 352.00   4.48   2.13
   5  8  19.00 314.00 342.00  91.81   1.08   2.00   1.00   5.26 23.00 100.00   6.41  14.00   0.08 314.00   1.58   0.93
   6 11  17.00 246.00 272.00  90.44   1.10   2.00   1.00   5.88 23.00 100.00   7.21  13.00   0.10 246.00   3.25   2.39
   7 12  19.00 326.00 342.00  95.32   1.05   2.00   1.00   5.26 23.00 100.00   6.32   8.00   0.05 326.00   0.57   0.33
   8 17  18.00 300.00 306.00  98.04   1.02   2.00   1.00   5.56 23.00 100.00   6.55   3.00   0.02 300.00   0.19   0.13
   9 19  21.00 346.00 420.00  82.38   1.18   2.00   1.00   4.76 23.00 100.00   6.13  37.00   0.18 346.00   6.71   3.19
  10 20  17.00 270.00 272.00  99.26   1.01   2.00   1.00   5.88 23.00 100.00   6.87   1.00   0.01 270.00   0.06   0.05
  11 21  19.00 326.00 342.00  95.32   1.05   2.00   1.00   5.26 23.00 100.00   6.32   8.00   0.05 326.00   0.57   0.33
  12 22  19.00 326.00 342.00  95.32   1.05   2.00   1.00   5.26 23.00 100.00   6.32   8.00   0.05 326.00   0.57   0.33
  13 23  19.00 326.00 342.00  95.32   1.05   2.00   1.00   5.26 23.00 100.00   6.32   8.00   0.05 326.00   0.57   0.33
  14 25  22.00 358.00 462.00  77.49   1.23   2.00   1.00   4.55 23.00 100.00   6.04  52.00   0.23 358.00   9.56   4.14
  15 26  19.00 326.00 342.00  95.32   1.05   2.00   1.00   5.26 23.00 100.00   6.32   8.00   0.05 326.00   0.57   0.33
  16 27   1.00   0.00   0.00          0.00   0.00        100.00       100.00          0.00          0.00   0.00   0.00
  17 28   4.00  12.00  12.00 100.00   1.00   1.00         25.00 23.00 100.00  27.71   0.00   0.00  12.00   0.00   0.00
  18 33  14.00 182.00 182.00 100.00   1.00   1.00          7.14 23.00 100.00   8.27   0.00   0.00 182.00   0.00   0.00
  19 35   7.00  42.00  42.00 100.00   1.00   1.00         14.29 23.00 100.00  16.91   0.00   0.00  42.00   0.00   0.00
  20 37  20.00 322.00 380.00  84.74   1.15   2.00   1.00   5.00 23.00 100.00   6.35  29.00   0.15 322.00   3.92   2.06
  21 38  20.00 326.00 380.00  85.79   1.14   2.00   1.00   5.00 23.00 100.00   6.30  27.00   0.14 326.00   3.74   1.97
  22 39  19.00 326.00 342.00  95.32   1.05   2.00   1.00   5.26 23.00 100.00   6.32   8.00   0.05 326.00   0.57   0.33
  23 40  21.00 352.00 420.00  83.81   1.16   2.00   1.00   4.76 23.00 100.00   6.08  34.00   0.16 352.00   4.48   2.13
  24 43  19.00 326.00 342.00  95.32   1.05   2.00   1.00   5.26 23.00 100.00   6.32   8.00   0.05 326.00   0.57   0.33

1.  Size. Size of ego network.
2.  Ties. Number of directed ties.
3.  Pairs. Number of ordered pairs.
4.  Density. Ties divided by Pairs.
5.  AvgDist. Average geodesic distance.
6.  Diameter. Longest distance in egonet.
7.  nweakComp. Number of weak components.
8.  pweakComp. NweakComp divided by Size.
9.  2StepReach. # of nodes within 2 links of ego.
10. 2StepPct. 2stepreach/(N-1).
11. ReachEffic. 2StepReach divided max possible given degrees of alters.
12. Broker. # of pairs not directly connected.
13. Normalized Broker. Broker divided by number of pairs.
14. nClosed. The number of closed triads ego is involved in.
15. Ego Betweenness. Betweenness of ego in own network.
16. Normalized Ego Betweenness. Betweenness of ego in own network.
```

Figura 9. Cálculos de la red egocentrada para el nodo número 42. Elaboración propia.

Como resultados destacables cabe comentar que es un individuo fuertemente conectado con otros individuos de la red (hasta un total de 23 individuos). Por otra parte, cabe destacar que Mariano Rajoy, en la red, sale reflejado como un actor con un alto grado de vínculos: ello tiene sentido después de ver que es un individuo con mucho potencial de intermediación, tal y como se veía en Freeman. No solo con ello, resulta curioso observar cómo, no solo con tener este alto grado de intermediación con otros *alters*, estos disponen, a su vez, un alto grado de vínculos con otros *alters*. Ello denota que este ego tiene un prestigio notable dentro de la red (haciendo referencia al índice de Bonacich).

COMBINACIÓN ESTADÍSTICA

El análisis de redes permite no solo realizar múltiples medidas sobre las características de una red, sino que ha ido posibilitando, con asistencia de software informático, la capacidad de permitir que todos los cálculos derivados de las medidas puedan someterse a una cierta validez estadística. Por ello, se ha considerado necesario realizar una combinación estadística basada en la correlación entre las redes que relacionan a todos los individuos excluyendo todo tipo de noticias vinculadas a los Papeles de Panamá, así como la red que se ha empleado para realizar los diferentes cálculos. El motivo redunda en que se desea conocer hasta qué punto las asociaciones entre individuos, a razón del caso concreto de los Papeles de Panamá es debida al azar o bien porque ya existía una vinculación previa, todo ello con el fin de conocer el grado de significatividad de los resultados obtenidos en el momento de confeccionar la red, puesto que ello depende de los demás cálculos realizados.

Fruto de lo anterior, se pueden observar en los resultados una asociación positiva y moderada entre ambas matrices. A su vez, podemos destacar que dicha asociación es significativa porque el valor de significación no supera p<0,05.

```
QAP CORRELATION
-----------------------------------------------------------------------

Data Matrices:                   RELACIONES POST
                                 RELACIONES PRE
# of Permutations:               5000
Random seed:                     18692
Method:                          Fast: no missing values allowed
Parallel:                        YES

QAP results for RELACIONES PRE * RELACIONES POST (5000 permutations)
                    1         2         3         4         5         6          7          8         9
               Obs value Significa  Average  Std Dev  Minimum  Maximum  Prop >= 0  Prop <= 0    N Obs
       Pearson Correlation  0.5424    0.0002  -0.0003  0.0835  -0.3083   0.3007    0.0002    1.0000  5000.0000


QAP Correlations

                      1     2
                   RELAC RELAC
                   ----- -----
    1 RELACIONES POST  1.000 0.542
    2 RELACIONES PRE   0.542 1.000

QAP P-values

                      1     2
                   RELAC RELAC
                   ----- -----
    1 RELACIONES POST  0.000 0.000
    2 RELACIONES PRE   0.000 0.000

QAP statistics saved as datafile QAP Correlation Results
```

Figura 10. Cálculo correlación estadística. Elaboración propia.

CONCLUSIONES

Una vez vistos los resultados, cabe concluir que el análisis de redes resulta una herramienta especialmente útil para estudiar casos de delincuencia de cuello blanco. Una vez vistas las diferentes medidas, se podría concluir como los individuos que se integran en este tipo de redes gozan de altos niveles de confianza entre sí, donde el Grado de Freeman y el alto número de cliqués así lo corroboran, permitiendo incluso que individuos ajenos al entramado delictivo puedan resultar influyentes para el funcionamiento de la misma red.

Una vez calculados todos los indicadores que se han ido mostrando a lo largo del artículo, se puede afirmar que las hipótesis planteadas inicialmente se pueden corroborar después de aplicar esta la metodología empleada: una de las medidas que más corroboran estas hipótesis, sería la de los cálculos obtenidos con los cliqués, puesto que sorprende apreciar tal cantidad de cliqués, aun cuando se han depurado multitud de entradas de noticias, hecho que eliminaba algunas relaciones entre nodos.

Debe ponerse de manifiesto que un trabajo más exhaustivo sobre las causas que generan la delincuencia de cuello blanco, así como un mayor conocimiento de la materia, hubiesen ayudado en la generación de hipótesis, ya que este estudio se origina con motivo del interés existente en dar a conocer la metodología en análisis de redes.

Por otra parte, el hacer este estudio de caso abre (o debería abrir) muchas puertas en el futuro de la investigación mediante la aplicación del análisis de redes. No solo con el intento de demostrar su efectividad en el estudio de caso sobre delincuencia de cuello blanco mediante el uso de redes completas, la misma metodología debería poder ser igualmente útil aplicada en este mismo campo, pero aplicando redes egocentradas, por ejemplo, tal como se intenta llevar a cabo mediante el breve análisis en relación al nodo correspondiente a Mariano Rajoy.

También debería despertar el interés a todos los lectores de este artículo, a quienes se anima a que se formen en el uso de esta metodología para aplicarla en otros campos donde podría ser de utilidad, como por ejemplo en la búsqueda de grupos de refuerzo para jóvenes infractores en situación de exclusión social o en caso de la búsqueda de grupos de apoyo en sujetos con problemas de drogodependencia. Poder generar redes podría ayudar, junto con la búsqueda de factores de riesgo y protección, a realizar mejores análisis sobre la situación que rodean a estos individuos.

Cabe hacer mención a que sería interesante, a razón de los resultados obtenidos en el artículo, conocer qué rasgos en común tienen los individuos de los cliqués, a fin de conocer qué les ha unido con más detalle (¿Implicaciones políticas? ¿Otras tramas de corrupción?), puesto que ello ayudaría a hilar la idea sobre por qué los delincuentes de cuello blanco acaban formando redes de actores de las dimensiones como las que podemos encontrar en el estudio de caso, donde puede que la idea de la homofilia, tal como indicaba el mismo Young, cobre sentido.

Por último, al margen de los objetivos e hipótesis que el estudio presenta, el artículo debía poseer dos finalidades adicionales para su mejor utilidad como investigación.

En primer lugar, se basa el trabajo sobre un estudio de caso polémico y de actualidad, todo ello con una finalidad reivindicativa para ensalzar el uso y el potencial, tanto de la Criminología, como del análisis de redes. Ambas herramientas que pueden ayudar a aportar explicaciones plausibles sobre fenómenos como el de la delincuencia de cuello blanco mediante enfoques analíticos que no se han empleado hasta el momento.

En segundo lugar, cabe mencionar que en este trabajo existe una finalidad de reivindicación social, puesto que en la red se involucran actores que no se encuentran implicados en los papeles de Panamá y que, a su vez, son actores que denotan cierta relevancia en la red. Esta finalidad en forma de reivindicación tiene lugar para dar a entender, a ojos de la ciudadanía, que tenemos que ser críticos con los verdaderos autores de estas tramas de delincuencia de cuello blanco, puesto que en algunos casos podemos encontrar que los poderes fácticos de una red de delincuencia de estas características y los actores que se visibilizan en la misma no siempre coinciden (es más, por el tipo de delincuencia que estamos tratando, lo razonable sería pensar que habitualmente no coinciden).

Cabe destacar el reto que supone la realización de este artículo, pues es una de las pocas publicaciones en las que se aplica una metodología basada en análisis de redes en el campo criminológico. Además, debe hacerse mención el sesgo de los resultados extraídos, pues el universo de los sujetos involucrados en los Papeles de Panamá es mucho más extenso de los 44 individuos seleccionados para la red.

Como limitación adicional, la información recolectada, a diferencia de otros estudios relacionados con el análisis de redes, no se ha obtenido preguntando directamente a los individuos, tarea que, por otra parte, hubiese sido del todo imposible, por lo que podría existir un sesgo en relación a la vinculación real entre los nodos.

Asimismo, debe indicarse la dificultad existente en el proceso de recolección de la información, así como el proceso de codificación en la matriz de relación entre individuos, necesitando una gran cantidad de recursos para confeccionarla.

Una última limitación se vería reflejada por el uso de la base de datos Factiva donde en 2 casos, padre e hijo se llamaban igual. Cabe indicar que dicha limitación se pudo resolver satisfactoriamente, puesto que las noticias relacionadas con los Papeles de Panamá hacían referencia en exclusiva al hijo y aquellas no vinculadas a los mismos al padre. Aun así, se decidió crear un nodo adicional en la red donde no se hacía distinción entre padre o hijo, habiendo revisado previamente las noticias que se publicaban al respecto para un mayor control de los nodos. Ello se llevó a cabo porque si se realizaba la búsqueda con nombre y apellidos íntegro, no figuraban noticias en los medios, pues los medios normalmente hacen mención al primer apellido del individuo. También constatar que existe un nodo nulo, el cual se constató empleando otras bases de datos que sí que tenía vinculación con los "Papeles de Panamá", pero que Factiva no lo vinculaba ni con el caso concreto ni con ningún individuo. Fruto de esa disparidad, se decidió considerarlo como nodo nulo en la matriz.

BIBLIOGRAFÍA

Barbero, I. M. (2004). Delincuencia económica, blanqueo de capitales e inteligencia financiera. *Boletín económico de ICE, Información Comercial Española*, (2808), 25-34.

Benson, M. L., Madensen, T. D., & Eck, J. E. (2009). White-collar crime from an opportunity perspective. In *The criminology of white-collar crime* (pp. 175-193). Springer New York.

Borgatti, S.P., Everett, M.G. and Freeman, L.C. (2002). *Ucinet for Windows: Software for Social Network Analysis*. Harvard, MA: Analytic Technologies.

Bourdieu, P. (1987). Los tres estados del capital cultural. *Sociológica*, 2(5), 11-17.

Braithwaite, J. (1985). White Collar Crime. *Annual Review of Sociology*, 11, 1-25. Recuperado de http://www.jstor.org/stable/2083283

Centro de Investigaciones Sociológicas (2016). Tres problemas principales que existen actualmente en España. Recuperado el 5 de enero de 2017 en: http://www.cis.es/opencms/-Archivos/Indicadores/documentos_html/TresProblemas.html

Dopico, J. (2013). Posición de garante del compliance officer por infracción del "deber de control": una aproximación tópica". *El Derecho penal económico en la era Compliance*, Tirant lo Blanch, Valencia.

Escudero, J. (3 abril 2016). Los papeles de Panamá: 10 claves para entender esta investigación de las "offshore".*El confidencial*. Extraído: http://www.elconfidencial.com/economia/papeles-panama/2016-04-03/papeles-panama-papers-claves-investigacion-mossack-fonseca_1177429/

Freeman, L. C. (1977). A Set of Measures of Centrality Based on Betweenessn. En *Sociomety* 40: 35-41.

Giacomello, C. y Ovalle, L. P. (2006). La mujer en el" narcomundo". Construcciones tradicionales y alternativas del sujeto femenino. *Revista de estudios de género: La ventana*, 3(24), 297-319.

Gottfredson, M. R., & Hirschi, T. (1990). *A general theory of crime*. Stanford University Press.

Guare, J. (1990). *Six degrees of separation: A play*. Vintage.

Haythornthwaite, C. (1996). Social network analysis: An approach and technique for the study of information exchange. *Library & information science research*, 18(4), 323-342.

Herrero, R. (2000). La terminología del análisis de redes: problemas de definición y de traducción. *Política y sociedad*, (33), 199-206.

Karinthy, F. (1929). Chain-links. Everything is different.

Lozares Colina, C. (1996). La teoría de redes sociales. *Papers: revista de sociologia*, (48), 103-126.

Marcus, Moy y Coffman (2006) en Cook, D. J., & Holder, L. B. (Eds.). (2006). *Mining graph data*. John Wiley & Sons.

McCarty, C., (2014). EgoNet. SourceForge. Accesible en: https://sourceforge.net/projects/egonet/

Otte, E., & Rousseau, R. (2002). Social network analysis: a powerful strategy, also for the information sciences. *Journal of information Science*, 28(6), 441-453.

Planas, B. (4 abril 2016). ¿Qué son los 'papeles de Panamá'? Siete claves. *El periódico*. Extraído de: http://www.elperiodico.com/es/noticias/internacional/los-papeles-panama-siete-claves-5025359

Schnatterly, K. (2010). Increasing firm value through detection and prevention of white-collar crime. In *Handbook of Top Management Teams* (pp. 674-681). Palgrave Macmillan UK.

Shover, N. (1998). *White-collar crime. The handbook of crime and punishment*, 133-158.

Sutherland, E. H., & Geis, G. (1949). *White collar crime* (p. 9). New York: Dryden Press.

Tichy, N. M., Tushman, M. L., & Fombrun, C. (1979). Social network analysis for organizations. *Academy of management review*, 4(4), 507-519.

Young, J. T. N. (2011). How Do They 'End Up Together'? A Social Network Analysis of Self-Control, Homophily, and Adolescent Relationships. *Journal of Quantitative Criminology*, 27(3), 251-273. 10.1007/s10940-010-9105-7

ANEXOS

ANEXO I: MATRIZ DE DATOS DE LAS RELACIONES "PRE-PAPELES DE PANAMÁ"

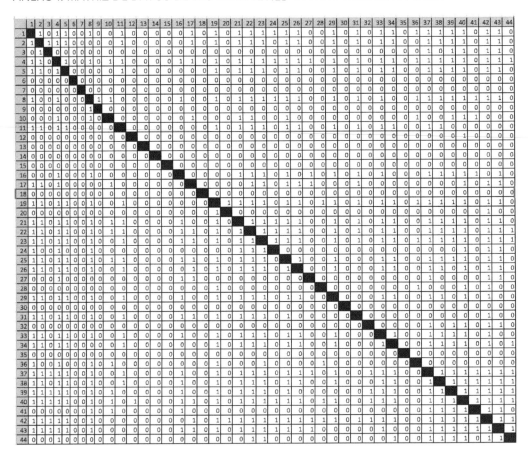

ANEXO II: MATRIZ DE DATOS DE LAS RELACIONES POST-PAPELES DE PANAMÁ

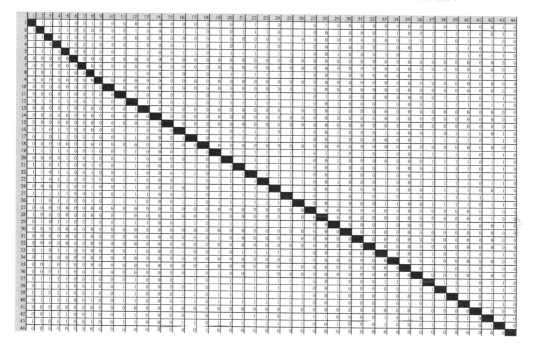

Notas

1. Según Dopico (2013), la figura del *Compliance Officer* hace referencia a aquella persona física (o grupo de personas físicas) que realizan diferentes tareas dentro de una persona jurídica. Su intervención tiene lugar para prevenir acciones delictivas que puedan producirse en el seno de dicha persona jurídica, dando lugar a articulados legales dentro de la empresa, conocidos como programas de cumplimiento o compliance officer programmes.

2. Los nodos hacen mención a todas aquellas unidades que se incluyen en una red, a efectos de poder establecer una posterior vinculación entre ellos. No necesariamente tienen que ser personas físicas.

3. Explicar red completa: redes en las que no se tiene ningún nodo en el centro de mira analítica, se busca conocer la relación existente entre los nodos de todo el universo propuesto

4. Red especificando los atributos de los nodos: El color de los nodos determina el género de los sujetos, la forma determina el grado de impacto mediático que se ha generado en los individuos a razón de los papeles de Panamá (distribuido en grados) y el tamaño de los nodos se atribuye al rol de los nodos (mientras que los nodos pequeños representan los actores directamente implicado en los Papeles de Panamá, los nodos grandes hacen referencia a usuarios que podrían estar indirectamente implicados por su relevancia mediática.

5. La homofilia es definida como la unión de una cantidad de sujetos indeterminados los cuales se concentran en grupos a raíz de afinidades comunes.

6. Nodos de una red sin los cuales dos nodos podrían no encontrarse conectados al no tener una relación directa.

7. Web de la Factiva: https://global.factiva.com/factivalogin/login.asp?productname=global

8. *Hacen referencia a los pares de individuos que se han creado por la problemática que presentan por llamarse igual padre e hijo. En estas tablas, los resultados hacen referencia a los hijos, puesto que en ambos casos se hace referencia a ellos en las noticias relacionadas en los Papeles de Panamá cuando no se incluían ambos apellidos. **Es un sujeto considerado como nulo, puesto que en la base de datos no aparecía como reflejado. No obstante, consultando artículos periodísticos sí que salía implicado. Por ello, se ha excluido de la red (y de ahí, su codificación como 999).

Los tres niveles de la transparencia

Carlota Barrios Vallejo. @CrimiCarlota.

RESUMEN

En este artículo sobre la transparencia, la autora propone un sistema de cosecha propia compuesto por tres niveles, que puede ayudar a criminólogos y otros profesionales a ser más transparentes en su trabajo.

El sistema intenta abordar de una manera amena el nivel personal, gremial y profesional al mismo tiempo que se extiende en el último punto, dando unas pinceladas sobre la importancia de la Deontología.

Si bien no deja de ser una propuesta basada en una opinión personal, en este artículo se hacen sugerencias para comprender mejor cómo aplicar la transparencia de una manera sencilla y práctica, tanto a través de acciones personales, como a través de códigos de buenas prácticas profesionales, plenamente regulados.

Palabras clave: transparencia, Ética Profesional, Criminología, Pirámide, Deontología, Honestidad, Coherencia.

INTRODUCCIÓN

Sinceridad, honestidad, o ética; son algunas de las palabras que pueden venirnos a la mente cuando hablamos del concepto de transparencia como algo general.

La transparencia de una persona se valora generalmente como una cualidad humana positiva y/o deseable, pero es especialmente apreciada cuando dicha persona es un profesional que nos ofrece sus servicios en calidad de clientes, o en calidad de colegas.

En España, y especialmente en los últimos años, han proliferado las plataformas y servicios orientados a los ciudadanos, que hablan de transparencia y ofrecen información acerca de las buenas prácticas en diferentes ámbitos (aunque sobretodo en el de la Política).

Ejemplos de ello son la Fundación Compromiso y Transparencia (antigua Fundación del

Compromiso Empresarial), el Consejo de Transparencia y Buen Gobierno (consejo de transparencia.es, 2017), o el Portal de la Transparencia (transparencia.gob.es, 2017), siendo estos dos últimos, dependientes del Gobierno de España.

Por otro lado, no son pocas las organizaciones y grandes compañías que hoy cuentan en su página web con un apartado dedicado a la transparencia y la ética profesional, como por ejemplo Down España (sindromedown.net, 2017) (organización dedicada al síndrome de Down), Roche (roche.es, 2017) (industria farmacéutica), o Red Eléctrica de España (ree.es, 2017).

El hecho de que organizaciones tan dispares o el propio Gobierno informen a los ciudadanos sobre sus prácticas, parece haberse convertido en algo habitual, al mismo tiempo que parece haber una cierta reciprocidad en este aspecto, dado que cada vez más personas demandan información (One Magazine, 2016) acerca de los resultados que obtienen las empresas u organizaciones y, sobre todo, de cómo los obtienen.

No parece una mala idea, pues, el hecho de seguir esta dinámica también en el ámbito criminológico, especialmente cuando se trata de una profesión sobre la que se plantea tantas incógnitas la sociedad, bien por su relativa novedad o bien por desconocimiento de la labor que puede desempeñar del criminólogo.

A la hora de hablar de la transparencia en un ámbito concreto como puede ser el de la Criminología, es importante tener en cuenta las diferentes peculiaridades profesionales de las que puede caracterizarse el criminólogo y ya no tanto la persona, puesto que en ningún caso se puede establecer una manera de ser o actuar a la hora de elegir esta profesión.

Si bien es cierto que existen ciertas particularidades personales –o morales– que pueden resultarnos interesantes a la hora de ejercer, esto deberá entenderse desde un punto de vista subjetivo, y por lo tanto, sujeto a la opinión de cada uno. A modo de ejemplo, podríamos citar como algo ventajoso, el hecho de ser una persona reservada, característica que puede ayudarnos a cumplir mejor el llamado secreto profesional, que es la obligación de no revelar ni divulgar las confidencias que recibimos como consecuencia directa de nuestra actividad profesional o de los servicios que prestamos (Moreno, 2011).

Este secreto profesional es una norma de ética profesional o de buenas prácticas que recogen otros tantos gremios como el de médicos (Código de Ética y Deontología Profesional del Colegio de Médicos de Las Palmas, Título IV, s.f.), el de abogados (Código Deontológico del Estatuto General de la Abogacía Española, Artículo 5, s.f.), o el de psicólogos (Código Deontológico del Colegio de Psicólogos de las Palmas, Título V, 2012), en sus respectivos Códigos Deontológicos.

LA PIRÁMIDE DEONTOLÓGICA

La intención al tratar la transparencia en el ámbito criminológico en este artículo es dotarla de una cierta objetividad, o más bien de proponer una serie de niveles, en base a los cuales se pueda establecer lo que hace de un Criminólogo, un profesional transparente.

Para ello, me voy a ayudar de una herramienta que es a su vez un concepto propio que denomino "La Pirámide Deontológica", y que, como todas las pirámides, está formada por una base amplia sobre la que se sustenta el peso del resto de la estructura; un cuerpo que se va achicando según se eleva, y por último, pero no por ello menos importante, una punta que culmina la figura en su punto más alto.

Sobre esas tres partes de la pirámide vamos a establecer otros tres conceptos propios, que son los tres niveles de la transparencia, a saber:

1. El nivel Personal: equivalente a la base de la pirámide. Es el punto más bajo, el más sencillo de construir, pero también el que menos destaca. Es de suma importancia porque sobre él se asienta todo lo demás, o lo que es lo mismo, los niveles profesionales dependen de lo bien asentado que esté el nivel de transparencia personal.

2. El nivel Profesional Intermedio: equivale al cuerpo de la pirámide y, por lo tanto, es la conexión existente entre el nivel personal y el profesional supremo (la base y la punta respectivamente). Aquí se aloja la ética profesional, la manera de relacionarse con el resto de colegas criminólogos u otras personas con las que podemos llegar a trabajar; es la cara que mostramos al gremio, pero también la que nos ayuda a definirnos de cara al cliente, tema clave del siguiente nivel.

3. El nivel Profesional Supremo: equivalente a la punta de la pirámide, este nivel es el más complejo de construir, el más satisfactorio de alcanzar, pero también el más frágil y difícil de mantener. De este nivel depende nuestro Código Deontológico aplicado, es decir, el cómo ejercemos la Criminología de cara a un cliente, lo que le ofrecemos, el servicio que le prestamos, y el trato que le damos. Dado que la punta de la pirámide se sustenta en los dos anteriores niveles, resulta de vital la importancia que éstos se encuentren bien construidos.

Antes de aventurarnos en una incursión hacia los entresijos de esta Pirámide Deontológica, vamos a ver un sencillo esquema que nos ayude a comprender mejor los tres niveles de los que se compone, y que también nos sirva como resumen de lo expuesto hasta el momento, en la Figura 1:

Figura 1: La Pirámide Deontológica

LOS TRES NIVELES DE LA TRANSPARENCIA

Tras haber visto la Figura 1, y haber resumido las partes de la pirámide que se corresponden con cada uno de los niveles de transparencia del criminólogo, comencemos nuestra expedición por el principio.

LA BASE DE LA PIRÁMIDE, EL NIVEL PERSONAL

Este punto es el más delicado de la estructura, pero no en el sentido único de símil arquitectónico para adornar el texto, sino en el sentido de que cada uno es como es, y poco puede hacerse por quien es o ha decidido ser de una determinada manera y actúa en consecuencia. A este respecto, citemos por ejemplo a Benjamin Franklin, que dijo que "la honestidad es la mejor política" (Franklin, 1726), y que "en los tratos entre los hombres, la verdad, la sinceridad e integridad son de mayor importancia para la felicidad en la vida". Ambas frases son un ejemplo de que ciertos conceptos relacionados con la transparencia pueden ayudarnos con nuestra profesión o en nuestros tratos con terceros.

El pasado 7 de noviembre de 2016 (corporate excellence.org , 2016) se presentaba en Madrid el libro "Manual de Riesgo Reputacional", cuya autora asegura que la reputación es uno de los temas que más preocupa a los CEO de las compañías (Bonime-Blanc, 2016), y es que, hoy en día, en parte como consecuencia de la rapidez de las comunicaciones y la actividad en redes sociales, cualquier descuido puede provocar una crisis en cuestión de minutos.

A este respecto destaca la industria farmacéutica, que, si bien no tiene la misma presencia en redes sociales que otros sectores, no está considerada como suficientemente transparente a la hora de comunicar su actividad por el 80% de los participantes del estudio "Reflejo de la transparencia y la reputación de la industria farmacéutica en España", realizado por The Engagement Series (Weber, 2016).

Si bien hacia el inicio de este artículo se ha hecho alusión a la subjetividad del nivel personal de transparencia (en tanto en cuanto no somos quién para decirle a los demás lo que deben o no hacer, o cómo deben hacerlo), lo cierto es que los niveles de honestidad y sinceridad personal tienen cierta influencia sobre la transparencia profesional (Warren, 2009).

Sin entrar en debates éticos o morales sobre cómo sería deseable que fuésemos las personas, siempre podemos evaluar hasta qué punto somos sinceros con nosotros mismos, y quizá eso también nos ayude a serlo con las personas que nos rodean.

En el contexto de la ética personal, entendemos la Transparencia como "la capacidad de una persona o agrupación de personas para que otros entiendan claramente sus motivaciones, objetivos e intenciones" (El Pensante, 2016). De cara al tema que tratamos, que es la transparencia como criminólogos, considero conveniente plantearse internamente cuestiones como ¿qué quiero conseguir?, y, por supuesto, ¿cómo lo quiero conseguir? ¿qué estoy dispuesto a hacer para ello y qué no?

Este tipo de preguntas pueden aclararnos las ideas acerca de qué tipo de criminólogos podemos ser, y qué nivel de transparencia podemos alcanzar. Evidentemente, de nada sirve responderse si no somos sinceros con nosotros mismos. A modo de ejemplo, pongamos a un criminólogo que quiere llegar a publicar un libro, pero lo único que está dispuesto a hacer para ello es copiar y pegar apuntes que recibió a lo largo de la carrera, porque la idea de escribir palabra tras palabra desde cero se le hace insoportable.

Desarrollar la astucia y la picaresca mientras nos mentimos a nosotros mismos (y a los demás), sacando un libro cuyo contenido no nos pertenece no puede llevarnos a un nivel muy elevado de transparencia, sobretodo porque, haciendo aquello en lo que uno no cree, no vamos a poder ofrecer muy buen contenido ni vamos a saber aplicarlo en el caso de que alguien, como un futuro cliente, nos lo demande. A modo de ejemplo podemos citar a Fernando Suárez, ex rector de la Universidad Rey Juan Carlos, acusado de varios plagios, que le han llevado a perder la reputación para ostentar otros cargos institucionales (Ejerique, 2016).

Por lo tanto, para conseguir levantar una sólida base para nuestra pirámide como criminólogos, a nivel personal, podemos cuestionarnos preguntas como las citadas, y aplicar una sencilla regla: no hagas nada en lo que no creas de verdad.

Visto esto, prosigue la expedición y comienza el ascenso hacia el siguiente nivel.

EL CUERPO DE LA PIRÁMIDE, EL NIVEL PROFESIONAL INTERMEDIO

Llegados a este punto, damos por hecho que somos Criminólogos activos de una u otra manera. Puede que no ejerzamos pero que seamos miembros de alguna comunidad, que escribamos artículos, que tengamos un blog, que estemos embarcados en un proyecto personal, o que hayamos conseguido hacer nuestros pinitos en el mundo laboral como profesionales del sector.

Sin importar nuestro tipo y nivel de actividad, lo importante es que estamos en contacto con otros colegas, o participamos de la actividad del gremio a nuestra manera y según nuestra capacidad.

Este nivel Profesional Intermedio conforma el cuerpo de la pirámide y, teniendo en cuenta lo anterior, podemos deducir que, ahora, ya no solo es importante tener un cierto nivel de transparencia personal, sino también de cara al resto de compañeros de profesión.

Aunque anteriormente se ha comentado que en este nivel también se pueden clasificar las relaciones que se establecen con profesionales de otros sectores, vamos a centrarnos en las relaciones de nuestro gremio por un motivo muy concreto; y es que, personalmente, considero que la transparencia entre compañeros es vital si queremos que ciertas cosas funcionen, como que la profesión tenga el reconocimiento y nivel de respeto que merece.

Pongamos como ejemplo el caso del Despacho de Abogados Nummaria, investigado por fraude fiscal en 2016 (EFE, 2016), y en el que, aunque no todos los trabajadores estaban implicados en la trama (el principal responsable es el jefe, Fernando Peña), el equipo al completo se vio afectado por el desprestigio que el caso supuso para el Despacho, cerrado desde el inicio de la llamada Operación City, en abril de 2016.

Ahora veamos un ejemplo como hicimos en el punto anterior, e imaginemos que un criminólogo quiere ofrecer un servicio especialmente dirigido a otros criminólogos, como puede ser un curso formativo, una ponencia, una publicación, etc. La pregunta clave aquí es: ¿estaría dispuesto ese criminólogo a pagar para obtener dicho servicio?

Como hablar de calidad es hasta cierto punto algo relativo, hablemos de cuidar a nuestro gremio con productos o servicios en los que nosotros estaríamos dispuestos a hacer una inversión, y no necesariamente económica, sino de tiempo o de dedicación.

Podemos establecer nuestro propio código de conducta, o atenernos a los principios de calidad que prefiramos, pero lo importante en este nivel de transparencia es convertirnos en los profesionales que queremos ser y que querríamos contratar, lo cual implica que nuestras aportaciones al gremio deben estar basadas en los mismos criterios que tenemos para con nosotros mismos.

Nuestras aportaciones, independientemente de la capacidad que tengamos para hacerlas, deben ir enfocadas a la mejora generalizada y a un enriquecimiento colectivo del que nos beneficiemos personalmente, pero que también beneficie al resto de criminólogos. Un ejemplo de esto es la gran oferta de formación continua existente en diversos Colegios Profesionales de otros gremios (Colegio de Licenciados en Educación Física y Ciencias del Deporte de Madrid, Colegio de Logopedas de Madrid, Colegio de Ingenieros de Montes, etc.), que buscan garantizar una actualización y mejora en los conocimientos de sus colegiados.

Por lo tanto, una manera de conseguir que la Criminología sea una profesión respetable y bien considerada por los demás puede ser haciéndonos mejores mutuamente, lo cual podría también ayudar a que otros apreciaran un mayor nivel de competencia entre nuestros integrantes.

En el citado caso de la formación continua que ofrecen algunos Colegios Profesionales, cabe mencionar que es importante que lo aprendido sea práctico y que los cursos tengan una cierta calidad, aunque en el mundo criminológico aún pueden encontrarse cursos de dudosa utilidad real, como el "Curso de Experto en Criminología CSI" de Udemy (UDEMY, 2016), o el curso de "Técnico Profesional en Criminología + Placa + TIP" de ASPROCRIME (E-magister, 2016); según la Orden General n° 203 de 16/11/90 reguladora de la TIP y Placa Insignia, solo los miembros de las Fuerzas y Cuerpos de Seguridad del Estado pueden tener un TIP, así como vigilantes de seguridad privada debidamente acreditados ante el Ministerio del Interior. Muy probablemente, aquellos que ofertan este tipo de cursos, lo hacen a sabiendas de que tienen poca o nula aplicación en la vida real si no se es agente de la Policía o Guardia Civil, por lo que la regla para conseguir una mayor transparencia en este punto puede ser: no ofrezcamos aquello por lo que no estemos dispuestos a pagar.

Entramos ahora en la fase final de nuestro viaje, hacia el último nivel, y quizá también el más inexplorado.

LA PUNTA DE LA PIRÁMIDE, EL NIVEL PROFESIONAL SUPREMO

Llegados a este punto, donde confluyen todas las fuerzas de la base y del cuerpo de la pirámide, sabemos que es la hora de la verdad, el momento clave para mostrar a los clientes el tipo de profesionales que somos.

Aunque aún no ejerzamos o no hayamos tenido la oportunidad de prestar un servicio profesional como criminólogos, el culmen de la transparencia en el ámbito laboral tiene nombre en nuestro sector, y es, ni más ni menos, el Código Deontológico.

Al igual que sucede con la punta de la pirámide, que depende del cuerpo sobre el que reposa y de la base sobre la que se reparte todo el peso de la construcción, el Código Deontológico depende de una aplicación voluntaria (sujeta por tanto a la ética de cada persona), y de una objetividad de la que no gozan ni la moralidad ni los valores personales; no solo dicta unas normas de conducta básicas para cualquier criminólogo profesional que se preste, sino que también nos protege en determinadas situaciones o, al menos, nos da herramientas que podemos usar en momentos de duda o necesidad.

Para alcanzar esta cima y ser capaz de mantenerse sobre ella es necesario haber pasado por evaluar nuestros niveles de honestidad personal (base de la pirámide), y también haber practicado para conocer la buena praxis (cuerpo de la pirámide), aunque solo sea con nuestros colegas de gremio.

Pese a que resulta evidente que al cliente no se le debe mentir, no se le deben crear falsas expectativas acerca de lo que podemos hacer, o no se le debe aconsejar para que siga usando servicios que ya no necesita (Chaves, 2013), a lo largo de nuestra carrera encontraremos a bastantes profesionales que no parecen tener estos puntos tan claros.

Hay algunos ejemplos remarcables en el Código Deontológico del Consejo General de la Abogacía Española, que pueden servirnos también para ejercer como criminólogos, como:

- La honradez, probidad, rectitud, lealtad, diligencia y veracidad son virtudes que deben adornar cualquier actuación del Abogado (Preámbulo)
- "El abogado tiene el derecho y el deber de defender y asesorar libremente a sus clientes, sin utilizar medios ilícitos o injustos, ni el fraude como forma de eludir las leyes" (Artículo 3.1)
- "La relación entre el cliente y su abogado se fundamenta en la confianza y exige de éste una conducta profesional íntegra, que sea honrada, leal, veraz y diligente" (Artículo 4.1).
- "El deber y derecho al secreto profesional del abogado comprende las confidencias y propuestas del cliente, las del adversario, las de los compañeros y todos los hechos y documentos de que haya tenido noticia o haya recibido por razón de cualquiera de las modalidades de su actuación profesional" (Artículo 5.2).

Siempre procurando que eso no nos afecte a la hora de actuar de manera transparente con nuestros clientes, una buena manera de mostrarles que pueden confiar en nosotros, es informarles acerca del libre consentimiento a la hora de contratar un servicio, o hablarles acerca de lo que nos permite y lo que nos prohíbe nuestra Deontología criminológica, que debería incluir al menos un artículo acerca de la protección de la identidad y datos del cliente, y de nuestra obligación como criminólogos a la hora de serles leales.

Otros puntos importantes en este nivel, son decir la verdad y saber transmitirla (puesto que puede ser dolorosa), o no decirle nunca a un cliente que un caso es fácil de resolver o está "ganado"; éstos últimos ejemplos pueden asemejarse mucho a los buenos consejos que reciben los abogados nóveles, y en realidad, son una buena referencia también para los criminólogos que se enfrentan a una vista ante un Tribunal, para ratificar un informe, como peritos de parte, etc.

Un cliente al que además de tratar con sinceridad, advertimos de malas prácticas a las que puede estar expuesto o que le pueden estar afectando ya no solo moralmente, sino económicamente, es un cliente que puede volver porque, por desgracia, la honestidad no siempre abunda cuando hay dinero de por medio, y este es uno de los motivos por los que la ética profesional se valora.

Podemos encontrar un claro ejemplo de esto en el sector financiero, concretamente a través de un estudio de 2015 llevado a cabo por la OCU (2015) acerca de varios productos bancarios, en el que Triodos Bank fue el banco mejor valorado por sus clientes con 83 puntos sobre 100, justo por detrás de ING Direct. La transparencia de las citadas entidades ha sido clave en las calificaciones.

Por lo tanto, la regla que podría aplicarse a este tercer y último nivel de transparencia tiene que ver mucho con los medios que se emplean para conseguir un objetivo: sé coherente con lo que dices, ofreces y haces.

APUNTES SOBRE DEONTOLOGÍA

Antes de concluir, me gustaría ahondar un poco más en el tema de la deontología y, en concreto, en la importancia que tiene en Criminología en comparación con otras profesiones.

Cabe destacar, como se ha comentado antes, que la aplicación del Código Deontológico es voluntaria en el caso de los criminólogos, y esto se debe básicamente a que la colegiación en nuestro colectivo no es obligatoria y todavía es escasa a nivel nacional (a excepción del Ilustre Colegio de Criminólogos de la Comunidad Valenciana, creado en 2013 (ICOC, 2013), y el Ilustre Colegio de Criminólogos del Principado de Asturias, creado en 2016 (colegiodecriminologos.es, 2016)). Esto quiere decir que un criminólogo no necesita estar colegiado para ejercer como tal, y por ello, los Colegios Profesionales pueden proponer una deontología pero no hacer que se cumpla, ni controlar a las personas que no lo hacen.

Por otro lado, hay ciertas profesiones cuyo ejercicio requiere la colegiación, como varias relacionadas con el mundo de la salud, aunque como ejemplos concretos citaremos la abogacía o la psicología por ser más afines a la Criminología.

¿Por qué estas dos carreras profesionales requieren colegiación mientras que ésta es voluntaria para los criminólogos? Presuntamente porque es necesario que exista un control ético de sus profesionales (Ley 2/1974 sobre Colegios Profesionales, Art. 1.3), ya que trabajan con documentación sensible, tienen acceso a datos muy personales acerca de sus clientes, etc.

Lo curioso de este aspecto es que los criminólogos ejercientes trabajan con el mismo tipo de información sensible, como sumarios judiciales, expedientes médicos de todo tipo, diarios, recibos bancarios, y un largo etcétera, que sin duda puede catalogarse como información personal y hasta cierto punto comprometedora. Además, según el artículo

3.a de la Ley Orgánica de Protección de Datos, "son datos de carácter personal: cualquier información concerniente a personas físicas identificadas o identificables", con lo que los criminólogos profesionales también deberían tener en cuenta esta Ley a la hora de proteger los datos de sus clientes.

Actualmente existe un arduo debate acerca de si la abogacía debe pertenecer a ese grupo de profesiones que exigen colegiación obligatoria (Arroyo, 2012; Calvo, 2016; Corta y Reyes, 2015), pero sin entrar en un análisis pormenorizado de los pros y contras de este requisito no deja de ser curioso que, compartiendo tantos aspectos de modelos de deontología criminológica, nuestras profesiones sean tan diferentes en cuanto a su regulación.

La colegiación como obligación no debería ser considerada como una prueba de la calidad del ejercicio de ninguna profesión, pero lo cierto es que hoy por hoy, los colegios no pueden ofrecer ninguna garantía de esto a excepción de la propuesta de un Código Deontológico que sus colegiados puedan adoptar o no. Parece, pues, que el control ético final pasa por la experiencia directa con el cliente ya que, en última instancia, será el único capaz de valorar nuestro trabajo de forma directa en el día a día, y de ejercer un cierto "control" sobre la manera en que actuemos, con capacidad para alertar sobre malas prácticas o incluso romper un contrato o relación con nosotros como consecuencia.

Uno de los aspectos más importantes de la deontología de los psicólogos, los abogados y los criminólogos, es –o debiera ser–, el secreto profesional, y digo debiera ser porque no todos los Códigos Deontológicos de esta profesión lo recogen (criminologia.net, 2017).

Este es otro problema de la actual insuficiencia de colegios profesionales que regulan el ejercicio de la Criminología en nuestro país (a excepción de los anteriormente citados de la Comunidad Valenciana y Asturias), y quizá de la falta de consenso entre los diversos grupos y asociaciones criminológicas, cosa que nos ha caracterizado como gremio casi desde los inicios de la profesión.

Como ejemplo citar una noticia de Europa Press (2009), en la que la Universidad Europea Miguel de Cervantes, da por obsoleto el Código Deontológico del Criminólogo de 1995 (Sarmiento, 1995), pese a que ha sido la base del actual utilizado por el Ilustre Colegio de Criminólogos de la Comunidad Valenciana, y sigue siendo práctico en la actualidad.

Que nuestros clientes se sientan seguros al contratar nuestros servicios o que valoren nuestro trabajo porque han quedado satisfechos, depende pues, en última instancia, de nosotros, y la transparencia es algo que puede ayudarnos en ese aspecto. Nos respalde un colegio profesional o no, o contemos con una colegiación obligatoria o no, nuestros actos y la manera en que ofrezcamos información sobre nuestro trabajo, pueden representar de una manera bastante fiel el tipo de profesionales que somos.

La transparencia en el ámbito criminológico no debería estar reñida con el hecho de cobrar más o menos por nuestro trabajo, o con el hecho de ser respetados como profesionales –por nuestros clientes, compañeros, o por integrantes de otros gremios–, sino que debería ser tenida en cuenta como un valor añadido más en nuestro currículo, y un punto a favor de la ciencia que representamos; algo que la haga digna de estar entre las demás, y de que se reconozca su valía, necesidad e independencia.

Como apunte final, recordemos brevemente las reglas propuestas en este artículo: no hacer algo en lo que no se crea de verdad, no ofrecer algo por lo que no se pagaría, y ser coherentes en nuestros actos. Al igual que sucede con el Código Deontológico, de cada uno depende el aplicarlas o no, el tenerlas en mente a la hora de actuar o no, pero en caso de que se valoren y se tengan en cuenta, es recomendable no hacer distinciones entre personas a la hora de ponerlas en práctica, porque el cliente, el compañero o el profesional, merecen el mismo respeto.

CONCLUSIÓN

Aquí termina este particular recorrido por La Pirámide Deontológica. A modo de resumen, sería conveniente apuntar que, al igual que una estructura piramidal está conectada en todas sus partes, llegar a nuestra meta profesional y desenvolvernos con éxito como criminólogos ejercientes, depende en gran medida de la aplicación de los tres niveles de la transparencia, por lo que conviene desarrollarlos y recordarlos como un todo del que debemos tener en cuenta cada detalle, y trabajar en consecuencia para que no se desmorone.

Pese a que este artículo propone un modelo propio y, por lo tanto, está sujeto a la subjetividad de la opinión personal de la autora, es de esperar que, con cada nuevo Colegio Profesional de Criminólogos que se cree en España, los Códigos Deontológicos que regulan esta profesión obtengan una mayor notoriedad, se actualicen en caso de necesidad, o se añadan nuevas normas para adaptar sus textos a las nuevas realidades a las que se enfrenta la profesión.

Cada persona puede crear pues su propia pirámide y otorgar a estas normas morales, responsabilidades éticas y modelos de transparencia, la importancia que cree que merecen, así como aplicar sus propios criterios a la hora de actuar profesionalmente. Y aquí precisamente radican las limitaciones y amplitudes de estos modelos propios de transparencia, ya que cada persona puede limitar su aceptación y aplicación, o extenderlos de manera casi infinita. Sea como fuere, la intención del artículo es hacer reflexionar sobre lo que la transparencia supone para cada uno de nosotros, y el nivel de necesidad que puede haber de ella en una profesión como es la Criminología.

BIBLIOGRAFÍA

Arroyo, D. (2012). ¿Colegiación obligatoria?. *Elderecho.com*. Recuperado de: http://www.elderecho.com/www-elderecho-com/Colegiacion-obligatoria_11_473680001.html

Bonime-Blanc, A. (2016) *Manual de Riesgo Reputacional*. Biblioteca Corporate Excellence.

Calvo, M. (2016). Colegiación de abogados, ¿es obligatoria o no?. En *Miportalfinanciero.es*. Recuperado de: http://www.miportalfinanciero.es/articulo/colegiacion-de-abogados-es-obligatoria-o-no/

Chaves, J.R. (2013) Veinte consejos prácticos para ejercer la abogacía. En *Delajusticia.com*. Recuperado de: https://delajusticia.com/2013/01/24/veinte-consejos-practicos-para-ejerer-la-abogacia/

Código de Ética y Deontología Profesional del Colegio de Médicos de Las Palmas. Recuperado   de: https://www.medicoslaspalmas.es/index.php?option=com_content&view=article&id=236&Itemid=395

Código Deontológico del Colegio de Psicólogos de Las Palmas. Recuperado de: http://www.coplaspalmas.org/gestor/uploads/colegio/codigo.dentologico.reformado.may.12.pdf

Colegio de Ingenieros de Montes (2017). Formación. Recuperado de: www.ingenierosdemontes.org/formacion/

Colegio de Logopedas de Madrid (2017). Formación. Recuperado de: www.colegiologopedasmadrid.com/formacioacuten-interna

Consejo de Transparencia (2016). Recuperado de: www.consejodetransparencia.es

Consejo General de la Abogacía Española (2002) Código Deontológico. Recuperado de: http://www.abogacia.es/wp-content/uploads/2012/06/codigo_deontologico1.pdf

Corporate Excellence (2016), Corporate Excellence presenta el último título de su biblioteca: Manual de riesgo reputacional. Recuperado de: corporateexcellence.org/index.php/Noticias/Corporate-Excellence-presenta-el-ultimo-titulo-de-su-biblioteca-Manual-de-riesgo-reputacional

Corta, V. y Reyes, I. (2015) Por qué no es buena idea la colegiación obligatoria. En *Elmundodelabogado.com*. Recuperado de: http://elmundodelabogado.com/revista/posiciones/item/por-que-no-es-buena-idea-la-colegiacion-obligatoria

E-Magister (2017). Cursos. Recuperado de: http://www.emagister.com/tecnico-profesional-oficial-criminologia-placa-tip-cursos-3338862.htm

EFE (2016) El despacho de abogados investigado en Madrid por fraude fiscal es Nummaria. Recuperado de: www.efe.com/efe/espana/sociedad/el-despacho-de-abogados-investigado-en-madrid-por-fraude-fiscal-es-nummaria/10004-2909340

Ejerique, Raquel (2016) El rector de la Universidad Rey Juan Carlos plagió también la tesis doctoral de una alumna en 2008. *El Diario*. Recuperado de: www.eldiario.es/sociedad/rector-URJC-plagio-doctoral-alumno_0_581642099.html

El pensante (2016) Definición del valor de la transparencia. Recuperado de: educacion.elpensante.com/el-valor-de-la-transparencia

Europa Press (2009), La UEMC presenta una propuesta de Código Deontológico para la profesión de la criminología. Recuperado de: www.europapress.es/castilla-y-leon/noticia-uemc-presenta-propuesta-codigo-deontologico-profesion-criminologia-20090520190115.html

Federación Down España (2017). Recuperado de: www.sindromedown.net

Gobierno de España (2016). Recuperado de: www.compromisoytransparencia.com

Ilustre Colegio Oficial de Criminólogos de la Comunidad Valenciana (2015) Código

Deontológico. Valencia. Recuperado de: https://crimiperito.files.wordpress.com/2015/12/cc3b3digo-deontolc3b3gico.pdf

Ilustre Colegio Oficial de Licenciados en Educación Física y Ciencias de la Actividad Física y del Deporte de la Comunidad de Madrid (2017), Formación. Recuperado de: www.coplefmadrid.com/2016-05-10-10-19-50/formaci%C3%B3n-propia.html

Ley 2/1974 sobre Colegios Profesionales.

Ley Orgánica 15/1999, de Protección de Datos de Carácter Personal.

Moreno, J.A. (2011). Secreto profesional y profesionales de la investigación privada. Recuperado de: http://www.elderecho.com/tribuna/civil/Secreto-profesional-profesionales-investigacion-privada_11_328930003.html

OCU (2015). Los usuarios ponen nota a sus bancos. *OCU*. Recuperado de: www.ocu.org/dinero/cuenta-bancaria/noticias/satisfaccion-bancos-2015

One Magazine (2016), La ética y la transparencia, asignaturas pendientes en España. Recuperado de: www.onemagazine.es/etica-transparencia-asignaturas-pendientes-espana

Red Eléctrica de España (2017). Ética y Transparencia. Recuperado de: www.ree.es/es/gobierno-corporativo/etica-y-transparencia

Roche (2015). Transferencias de valor Roche 2015. Recuperado de: www.roche.es/Transparencia.html

Sarmiento de Marín, J. y otros (1995) Código Deontológico. Canarias. Recuperado de: http://www.dacrim.es/index.php/informacion/deontologia

Sociedad Española de Investigación Criminológica (2008) Código Deontológico. Recuperado de: http://www.criminologia.net/pdf/que/CODIGO.pdf

UDEMY (2017). Cursos. Recuperado de: www.udemy.com/experto-en-criminologia/

Warren, J. (2009) *The role of integrity in individual and effective corporate leadership*. Holy Family University. Recuperado de: http://www.aabri.com/manuscripts/10504.pdf

Weber S. (2016) Reflejo de la transparencia y reputación de la industria farmacéutica en España. *The Engagement Series*. Recuperado de: webershandwick.es/wp-content/uploads/2016/07/THE-ENGAGEMENT-SERIES-04-web.pdf

Goodbye Filters

Periodismo ciudadano y controversia informativa en la sociedad de la información

Jose Servera. @JoseServera.

RESUMEN

En el siguiente artículo se realiza un análisis del periodismo participativo y las implicaciones que ello ha conllevado en los medios de comunicación, desde el debate en torno a aspectos deontológicos en la difusión de información, hasta el intercambio de roles entre medios de comunicación y opinión pública, cuyos efectos deben ser revisados desde la criminología. En el mismo se considera necesario un nuevo abordaje en torno a la tríada medios de comunicación-opinión pública-partidos políticos, que resulta incompleta o ineficaz a efectos de explicar el punitivismo en las políticas criminales de un país.

Palabras clave: periodismo participativo, violencia explícita, opinión pública, medios de comunicación.

INTRODUCCIÓN: ¿POR QUÉ ES RELEVANTE PARA LA CRIMINOLOGÍA ANALIZAR LA EVOLUCIÓN DE LOS MEDIOS DE COMUNICACIÓN Y SU SITUACIÓN ACTUAL?

La exploración de la interrelación entre criminología y medios de comunicación no resulta algo novedoso ni original. Al contrario, son diversos los investigadores que se han centrado en analizar desde una perspectiva criminológica el tratamiento de las noticias sobre delincuencia en los medios (Cohen, 1972; Cohen & Young, 1981; González & Núñez, 2014; Howitt, 1982; Varona, 2011). No en balde, si nos atenemos a las temáticas abordadas en los informativos de las principales cadenas de televisión europeas, observamos que el tratamiento de las noticias de sucesos se sitúa en el top 3 informativo, con porcentajes que oscilan entre el 8,2 y el 14,9% de la cobertura informativa (García, 2007). Este hecho no solo se experimenta en los informativos y periódicos, sino que también emergen como temática clave en la lucha por las audiencias televisivas de muchos programas matinales y otros tantos dentro del prime time (Belenguer, 2013).

Este fenómeno nos interesa no tanto por la amplia cobertura en sí misma ni por el modo en el que se trata todo lo relacionado con el delito y las conductas antisociales; nos interesa en tanto los medios comunicación constituyen uno de los tres agentes principales en la gestación de las políticas criminales de un país. Estos tres agentes son: los partidos políticos, los medios de comunicación, y la sociedad que se manifiesta a través de la opinión pública (Bañón, 2015). Esta tríada se retroalimenta, ya sea de manera intencionada o indirecta, generando una concepción y una percepción de la delincuencia que propugna respuestas a la criminalidad que no tienen por qué estar relacionadas con los problemas sociales y delincuenciales reales de un país, en tanto que:

- La delincuencia se utiliza como instrumento por parte los partidos políticos.

- El trato de los hechos delictivos por parte de los medios de comunicación es irregular, con picos informativos que no guardan relación con los índices de delincuencia.

- La opinión pública reacciona a la instrumentalización de los partidos políticos y a la información que le brindan los medios de comunicación, y en base a ello genera una opinión, que en base a la cobertura que le presentan tiende a acercarse a posiciones punitivistas (Bañón, 2015).

No debemos dejar de lado que a la anterior tríada habría que añadir la participación de otros poderes fácticos, ya sean institucionales o privados, que también pueden ejercer una importante influencia en el tratamiento de un suceso o problemática delincuencial, tal y como se mostró en el estudio de caso de Hillsborough (Servera, 2016a). Dicho análisis, publicado en el número tres del volumen uno de esta misma revista, mostró cómo la tragedia en la que murieron 96 aficionados del Liverpool intentó ser tapada con la connivencia de medios de comunicación, gobierno y cuerpos policiales, utilizando la concepción del *hooligan* enemigo como responsable de lo sucedido.

LA CRISIS DEL PERIODISMO TRADICIONAL Y SU RELACIÓN CON EL PODER

De los tres agentes mencionados anteriormente dos de ellos han generado un vínculo socioeconómico importante por su relación, o bien de forma directa (medios de comunicación que obedecen a los dictámenes de un partido político determinado y que están parcialmente financiados por los mismos) o bien de forma más sutil (medios de comunicación que se gestan en torno a una ideología política determinada o grupo de poder, y en base al cual elaboran sus noticias). Los medios de comunicación dejan de ser medios independientes, requisito indispensable para poder ofrecer una información rigurosa en torno a un hecho, y pasan a ser un mero objeto destinado a promover el discurso predominante de las grandes corporaciones que están detrás de los mismos. Por ejemplo, en Estados Unidos, durante el año 1983 el 90% de las noticias las cubrían cerca de 50 agencias diferentes (Lutz, 2012). En cambio, en 2011 ese porcentaje de noticias las cubren entre apenas 6 corporaciones diferentes, a saber: GE, Disney, News-Corp, ViaCom, TimeWarner y CBS (Lutz, 2012). Este dominio cuasi imperial de los medios de comunicación ha dado lugar en un par de ocasiones a situaciones que podrían ser calificadas de esperpénticas, y si cabe muy simbólicas, que fueron reflejadas en el *late night show* de Conan O'Bryen. En dicho programa presentaron cómo en al menos dos ocasiones un suceso informativo era presentado hasta en 15 informativos de diferentes cadenas de televisión norteamericanas utilizando exactamente las mismas palabras (Team Coco, 2011; Team Coco, 2013). Este suceso podría explicarse en el hecho de que muchos de estos informativos pueden trabajar en colaboración con agencias que se encargan de cubrir y elaborar las noticias, pero lo que se puso de relieve es que de un modo u otro se expresaba, de manera literal, un discurso idéntico en medios de comunicación que eran incluso contrapuestos unos de otros. Si hiciéramos un paralelismo con nuestra bandeja de correo electrónico, podríamos afirmar que estaríamos ante un ataque de spam informativo.

Este fenómeno -el del corporativismo en los medios de comunicación- también es latente en España. Con datos concretos, el pastel de la comunicación se reparte entre 8 grandes grupos: Prisa, Vocento, Unidad Editorial, Grupo Planeta, Mediaset, Atresmedia, Grupo Zeta, Grupo Godó y Prensa Ibérica. Entre los anteriores se repartieron en 2013 el 65% de la inversión publicitaria, inversión que ha sido otrora el sustento fundamental de los medios de comunicación tradicionales (Palacio, 2014).

Sin embargo, el modelo de negocio basado en la inversión publicitaria entró en una fuerte crisis en España a raíz de la evolución a nuevos modos de acceso a las noticias, directamente relacionados con la evolución de las nuevas tecnologías, y en concreto de los medios *online* (Rodríguez, 2016).

Esta crisis en el modelo de negocio de los medios tradicionales ha provocado, entre otras cosas, una fuerte crisis de deuda en los medios de comunicación más poderosos, ejemplificada en el mayor ERE presentado por un medio de comunicación en España (Minder, 2015). Se trata del diario El País, que en 2012 despidió a un total de 129 trabajadores (AFP, 2012). Ello no solo ha afectado en términos cuantitativos: a la falta de personal y medios materiales para cubrir la información se han unido la dependencia financiera y política, derivando en medios mucho menos fiables y abiertos a la crítica, como ejemplifican los despidos de Pedro J. Ramírez en El Mundo, y de Ignacio Escolar en la Ser, el primero por presiones políticas (a raíz de la filtración en el diario El Mundo de los mensajes de Mariano Rajoy a Luis Barcenas en los que el primero mostraba su apoyo al investigado por la trama *Gürtel*), y el segundo por presiones corporativas provocadas por la publicación en Eldiario.es de informaciones relativas a los papeles de panamá que vinculaban a la ex-esposa de Juan Luis Cebrián, director del grupo Prisa, con un presunto delito de evasión fiscal (El Confidencial Digital, 2014; Escolar, 2016). Todo lo anterior influye en el índice de credibilidad que tienen los medios españoles sea bajo (Levy, Newman & Nielsen, 2015).

EL PERIODISMO PARTICIPATIVO O CIUDADANO ¿UN NUEVO MODELO DE PERIODISMO?

Según la RAE, un periodista puede definirse de dos formas:

- O bien como la "persona legalmente autorizada para ejercer el periodismo",
- O bien como la "persona profesionalmente dedicada en un periódico o en un medio audiovisual a tareas literarias o gráficas de información o de creación de opinión".

Sin embargo dicha definición, igual que el periodismo tradicional, parece vivir ajena a los agudos cambios producidos en la profesión periodística. Fruto de ello, una reciente campaña promovida por Ramón Salaverria en la red social Twitter tuvo por objeto promover un cambio en la acepción de la RAE, previo envío de comunicación oficial (Clasesdeperiodismo.com, 2015). En la misma, apelaba a que en la mayoría de países democráticos ya no era necesario estar legalmente autorizado para ejercer el periodismo y que, respecto a la segunda acepción, ésta no contemplaba muchas de las nuevas modalidades de hacer periodismo más allá del soporte de un periódico o un medio audiovisual (La Voz digital, 2015).

Teniendo en cuenta lo desfasado de la definición, sí que nos podemos atener a cuál es la labor del periodista: la dedicación a tareas literarias o gráficas de información o creación de opinión.

Hasta principios de los años 90, dicha potestad era un terreno casi exclusivo de los periódicos y medios audiovisuales. Sin embargo, a raíz de la aparición de las nuevas tecnologías de la información los límites a la difusión de contenido desaparecen, y cualquier ciudadano dispone de herramientas suficientes para poder realizar la labor periodística.

El primer gran asalto del ciudadano al periodismo se produce con los *blogs*, espacios personales dedicados a exponer todo tipo de opiniones y informaciones, con unas normas propias e independencia en la elaboración del contenido. Si bien muchos de estos *blogs* no compiten directamente con los medios de comunicación, otros tantos empiezan a constituir un digno rival en tanto consiguen hacerse con niveles de reputación considerables, principalmente en los *blogs* temáticos (Arias, 2015). Según un estudio elaborado por Kaye (2007) hay 9 aspectos básicos que conducen al lector a leer *blogs*:

- La búsqueda de información relevante.
- Un sentimiento anti-medios tradicionales.
- La búsqueda de orientación/opinión.
- La investigación específica.
- La variedad de opinión.
- El debate político.
- El ambiente propio de un *blog*.
- El puro entretenimiento.
- El grado de identificación con el *blog*.

Según el mencionado estudio de Kaye (2007) los *blogs* son observados por el lector como espacios donde se proporciona información de una forma diferente, menos tradicional, con opiniones mucho más ricas y en los que es capaz de encontrar información específica de un tema determinado. No debe extrañarnos que una de las motivaciones principales para la lectura de *blogs* sea el rechazo a los medios de comunicación tradicionales. El *blog* acaece como un medio más cercano y multidireccional.

Sin embargo, a pesar de que los medios tradicionales pierden la potestad de la opinión con la aparición de los blogs, son otros dos factores los que terminan por despojarle de la potestad informativa:

- La eclosión de las redes sociales.
- La aparición y masificación de los smartphones (Servera, 2016b).

Si nos centramos en la aparición y eclosión de las redes sociales, nos encontramos ante una democratización en toda regla de la difusión de la información *online*, por lo menos si nos atenemos a la concepción original de las dos principales redes sociales, Twitter y

Facebook. Esas primeras versiones de ambas redes sociales ofrecían igualdad de condiciones a la hora de hacer que un contenido determinado se hiciera viral. Fuera una persona anónima o una gran corporación, ambos tenían las mismas posibilidades de que su contenido fuera difundido, ya que dicha difusión dependía del valor que le dieran el resto de usuarios. Sin embargo, la mercantilización de las redes sociales (en especial de Facebook), unida a un aprendizaje mayor en el uso de las redes por parte de los medios de comunicación masivos, hace que esa igualdad de condiciones inicial se haya perdido (Gómez, Navarrete & Rufí, 2015). Sea como fuere, el eco que son capaces de brindar a medios más modestos sigue siendo una ventaja con la que años atrás no hubiera contado el periodismo ciudadano.

Pero si algo ha resultado un factor disruptivo para el periodismo sin ningún género de dudas es la masificación del *smartphone* como herramienta cotidiana del ciudadano. Un *smartphone* es un *kit* de bolsillo para el ejercicio periodístico, en tanto te brinda: una cámara, acceso a *internet* y aplicaciones sociales para difundir una información determinada.

De este modo, si ya con los *blogs* podíamos hablar de un desapoderamiento a los medios tradicionales en lo que a creación de opinión se refiere, lo que aquí acaece es aún más importante: el ciudadano ya no es solo consumidor de la noticia, es también un actor principal, en tanto que brinda, incluso antes de que llegue cualquier medio de comunicación al lugar de los hechos, información de forma directa en torno a un acontecimiento relevante que pueda haber sucedido en su zona.

No es de extrañar entonces que ante esta democratización de las fuentes de información, las redes sociales hayan sido el espacio básico para obtener noticias sobre un suceso o evento en particular. De hecho, en un reciente estudio realizado a ciudadanos norteamericanos, un 59% de los mismos reconocía que usaba Twitter para informarse de hechos o eventos que estuvieran sucediendo en ese momento, y un 31% utilizaba Facebook con ese mismo fin (Barthel, Gottfried, Mitchell & Shearer, 2016).

PUNTOS DE CONTROVERSIA EN TORNO AL PERIODISMO PARTICIPATIVO

No vamos a entrar en este punto a debatir sobre si el periodismo participativo o ciudadano puede considerarse o no periodismo, tal y como niegan algunos autores (Moreno, 2016; Gómez, Navarrete & Rufí, 2015). Lo que sí nos interesa es centrarnos en algunos aspectos controvertidos de la evolución en la transmisión de información noticiable que incumben directamente a la criminología.

Uno de los puntos de controversia se encuentra dentro del debate sobre la profesionalidad de la fuente de información. En este sentido, al tratarse de fuentes no profesionales, estos no cuentan con un código deontológico propiamente dicho, más allá de los principios personales que pueda tener el individuo. Ello lleva a que el tratamiento que le da a la información se ofrezca sin filtro alguno, publicando en muchas ocasiones escenas de violencia explícita que en un medio de comunicación no se pondrían a disposición de los lectores. Un ejemplo claro de ello fueron los ataques terroristas en la sede de Charlie Hebdo y, en particular, el asesinato a sangre fría de un policía, que apenas unos instantes después se viralizaba por toda la red a pesar de tratarse de un contenido altamente sensible (Bond, 2015). El impacto mediático del vídeo probablemente superó en visitas a las que pudiera haber ofrecido cualquier medio de comunicación al tratar el mismo fenómeno, ya que, por lo menos en los medios que se definen como no amarillistas, reproducir ese tipo de imágenes no está permitido. Esta viralización de la violencia puede producir un triple efecto muy perverso:

* Un aumento del riesgo revictimizador (Ariza, 2012).

* Mediatización del agresor. El agresor emerge como una suerte de estrella del cine, dándole a su acción el valor que él desea. Este fenómeno ha dado lugar a crudas situaciones, como la grabación en directo a través de Facebook del asesinato de un policía en París el pasado 13 de junio de 2016 (King, 2016).

* Algunos medios de comunicación renuncian a parte de su deontología y se abren a difundir esa violencia explícita (Berkhead, 2015).

Relacionado con el último punto, resulta interesante resaltar hasta qué punto los medios de comunicación han adoptado aspectos propios de ese periodismo participativo o ciudadano. Esto ha tenido algunos efectos positivos, como la evolución y mejora de la calidad de los blogs temáticos dentro de los medios de comunicación. Sin embargo, una vez más los efectos perniciosos son mayores. Además de la difusión de violencia explícita, encontramos por lo menos otros dos aspectos básicos que vulneran la mayoría de códigos deontológicos del periodismo: la verificación de la información, y su elemento más básico: informar (EthicNet, s.f.; Suárez, 2015).

En el caso de la verificación, la urgencia por ser el primero en dar la noticia ha dado lugar a la reproducción en muchas ocasiones de informaciones que luego han resultado ser falsas. En España en 2016 algunas han sido sonadas dentro de los medios de comunicación más prestigiosos del país: desde la supuesta disolución de Izquierda Unida por parte de Alberto Garzón, hasta el polémico caso de Nadia, en el que una niña con una supuesta enfermedad rara ha sido supuestamente utilizada por sus padres para sacar dinero (El Confidencial, 2016; Maestre, 2016).

Más preocupante es si cabe la renuncia a uno de los principios básicos del periodismo: informar. Uno de los fenómenos emergentes en la red en los últimos años es el *clickbait*: títulos elaborados de tal modo que no explican el contenido del artículo, pero que con frases llamativas como "tu vida no será lo mismo cuando veas lo que hizo Shakira" o "esto te va a emocionar", intentan captar la atención generando una expectativa que no se adecua a la realidad del contenido (Dans, 2016). Esta práctica ha sido muy utilizada por parte de medios y *blogs amateurs* a los que ha proporcionado un gran número de visitas, y por ese motivo algunos medios han adoptado ese tipo de práctica como común. Un ejemplo claro de medio de comunicación que ha adoptado el *clickbait* como norma de vida es Sport, pudiendo encontrar titulares en un día cualquiera como:

"La desagradable respuesta del periodista del que se rió Piqué" (Sport, 8 de enero 2017a)

"La reacción de Javier Tebas al gesto de Gerard Piqué" (Sport, 8 de enero 2017b)

"El dato de James que Zidane debería tener en cuenta" (Sport, 8 de enero 2017c)

En ninguno de los casos anteriores podemos ser capaces de elucubrar el contenido de la noticia, más allá de los protagonistas de la misma.

Otro de los grandes problemas que afecta a la criminología en lo que al tratamiento y cobertura de noticias sobre criminalidad se refiere es la ausencia de conocimientos de carácter técnico o científico. En el caso del periodismo participativo, se puede entender que se utilice un lenguaje que además de informar, juzga, y que a la vez lo haga utilizando términos incorrectos. Sin embargo, cabe plantearse si en términos comparativos este uso inadecuado del lenguaje no se da en la misma medida dentro de los *mass media*, o incluso con mayor arbitrariedad si cabe cuando se tratan hechos o aspectos delictivos. Un tratamiento de la información que vulneraría el artículo 17 del código deontólogico de periodistas en España (EthicNet, s.f.). En dicho artículo se declara explícitamente que los periodistas deben distinguir claramente de su discurso lo que son opiniones personales, y lo que son hechos verificados. Si bien este precepto no obliga a mantener una posición neutral respecto a una noticia, el peso de la opinión no puede estar por encima de los hechos. Del mismo modo, sorprenden las carencias en el uso de un lenguaje riguroso a la hora de tratar aspectos delictivos, reflejados en el uso y abuso de términos como psicopatía, locura, monstruosidad o taradez (Cohen, 1972; Domínguez & Molero, 1998; Vergara, 2008). Un ejemplo claro de uso vulgar y carente del lenguaje técnico por parte de dos periodistas es el caso del libro "Killers: los peores asesinos en serie de la historia" (Pérez & Pérez, 2015), libro dedicado a hablar de algunos de los mayores asesinos en serie de la historia -valga la redundancia-, y donde podemos encontrar frases como:

"Un auténtico tarado" (P. 21)

"Un auténtico monstruo" (P. 113)

"El pistolero loco" (P. 129)

"Monstruo desde la infancia" (P. 137)

"Un asesino retrasado" (P. 153)

"Todo un tarado" (P. 193)

"Grillado de Vietnam" (P. 191)

"Dos tarados" (P. 157)

"Sus desviaciones sexuales lo mantuvieron internado durante una buena parte de su juventud en un hospital para desequilibrados mentales" (P. 59)

En este caso en particular, sorprende que, aún definiéndose uno de los autores como "el mejor y más popular de los periodistas dedicados al mundo del crimen" (Pérez & Pérez, 2015), y siendo el otro autor también periodista, el propio título del libro ya realice un juicio sobre el contenido al usar el término "los peores".

CONCLUSIONES: ¿NOS SIRVE DE ALGO LA TRÍADA MEDIOS DE COMUNICACIÓN-OPINIÓN PÚBLICA-PARTIDOS POLÍTICOS?

Para concluir el artículo, debemos revisar en primer lugar un aspecto que hemos tratado en la introducción al mismo. En ella mencionábamos la teoría que atribuía que las decisiones político criminales obedecían a la influencia retroalimentada entre medios de comunicación, partidos políticos y opinión pública. Sin embargo, teniendo en cuenta los agudos cambios a los que ha sido sometida la sociedad de la información, esta tríada puede haber quedado desfasada. Además de no tener en cuenta a todos los agentes partícipes en las decisiones político-criminales, resulta incompleta y simplista en tanto que no se tiene en cuenta el profundo intercambio de papeles entre los medios de comunicación y la opinión pública. Si hasta hace unos años los medios de comunicación eran los que marcaban la agenda de lo que interesaba y/o debía ser noticiable, ahora son las redes sociales las que son capaces de marcar muchos de los hechos noticiables. Esto significa que, si antes la dirección de la información se podía concebir de un modo unidireccional, en la actualidad la retroalimentación entre medios de comunicación y opinión pública es de tal magnitud que la distinción puede resultar vacua. Lo único que es capaz de explicarnos es una obviedad que no sirve para solventar el problema del punitivismo en las decisiones político-criminales. Puede haber sido una teoría funcional en otro contexto histórico, pero la red ha establecido un conjunto de normas completamente diferentes que exigen una profundización en el ente *cyborg* para explicar cómo eso influye en la concepción global y local del delito.

No quiero finalizar sin recalcar las implicaciones del profundo cambio dentro de mundo del periodismo: desde las rebajas en la calidad periodística observadas anteriormente, hasta la publicación de un alto volumen de violencia explícita en las redes, pasando por la elevada difusión de las noticias falsas, en todos los casos nos encontramos ante un doble problema: en primer lugar de falta de principios o valores éticos, y en segundo lugar de educación crítica.

Bien está ser capaz de hacer periodismo sin caer en muchos de los defectos anteriores, pero aún mejor resulta proveer al ciudadano de una educación crítica que sea capaz de discernir la calidad de una información en base a una serie de criterios básicos, y también emerger como fuente de información a nivel *amateur* respetando una serie de aspectos éticos primordiales a la hora de establecer una convivencia *cyborg* más respetuosa con los demás.

En este sentido, debemos recalcar que este artículo cuenta con diferentes limitaciones, en tanto requeriría de diferentes investigaciones para poder corroborar algunos de los aspectos que plantea. En particular, dos posibles marcos o líneas de investigación son posibles. El primero, plantear un estudio comparativo del análisis y tratamiento de la información sobre hechos delictivos por parte de los medios de comunicación versus el tratamiento que se realiza desde el periodismo ciudadano. Para ello, un buen punto de partida puede ser analizar en un contexto local como el de España en qué medida los medios cumplen con su código deontológico, y en qué medida el periodismo ciudadano se aleja o no de dicho código. En un segundo punto, el relativo a la tríada de influencia en las políticas criminales, sería necesaria la realización de estudios que hilaran más profundamente en las teselas de interacción entre medios de comunicación y opinión pública, por ejemplo, analizando qué porcentaje de noticias parten de los medios de comunicación en dirección a la opinión pública, y viceversa, qué porcentaje de noticias proceden del periodismo participativo y son curadas a *posteriori* por los medios de comunicación. El análisis en profundidad de esta interacción nos permitirá determinar si en la actualidad tiene sentido analizar el punitivismo desde esa tríada, o si por el contrario se requieren nuevas fórmulas teóricas más complejas para explicar una determinada concepción de la delincuencia.

BIBLIOGRAFÍA

AFP (12 noviembre 2012) Despiden a 129 periodistas de El País, incluyendo grandes firmas. En *El Espectador*. Recuperado de http://www.elespectador.com/crisis/despiden-129-periodistas-de-el-pais-incluyendo-grandes-articulo-386594

Arias, S. M. (2015). Periodismo ciudadano, en los límites de la profesión periodística. *Estudios Sobre El Mensaje Periodistico*, 21, 109-118.

Bañón, J.M. (2015) Medios de comunicación, opinión pública y política criminal. En *Criminología y Justicia*. Recuperado de http://cj-worldnews.com/spain/index.php/es/criminologia-30/criminalidad-y-medios-de-comunicacion/item/2907-medios-opinion-politica-criminal

Barthel, M.,Gottfried, J., Mitchell, A., & Shearer, E. (2015) The Evolving Role of News on Twitter and Facebook. En *Pew Research Center*. Recuperado de http://www.journalism.org/2015/07/14/the-evolving-role-of-news-on-twitter-and-facebook/

Belenguer, L. (13 diciembre 2013) Las cadenas exprimen la información de sucesos para luchar por la audiencia. En *20 Minutos*. Recuperado de: http://www.20minutos.es/noticia/2000344/0/tratamiento/informacion-sucesos/television-audiencias/#xtor=AD-15&xts=467263

Berkhead, S. (2015) Los efectos de las imágenes violentas y explícitas en las audiencias y los periodistas. En *ICFJ.ORG*. Recuperado de https://ijnet.org/es/blog/los-efectos-de-las-im%C3%A1genes-violentas-y-expl%C3%ADcitas-en-las-audiencias-y-los-periodistas

Bond, J. (8 enero 2015) Charlie Hebdo: Executed Muslim police officer asked 'are you going to kill me?' before he was murdered. En *Mirror*. Recuperado de http://www.mirror.co.uk/news/world-news/charlie-hebdo-executed-muslim-police-4945468

Cohen, S. (1972) *Folk Devils and Moral Panics: The Creation of the Mods and Rockers*. Routledge.

Cohen, S.; & Young, J. (1981) *The Manufacture Of News N/E: Deviance, Social Problems and the Mass*. Constable.

Clasesdeperiodismo.com (2015) ¿Es necesario modificar la definición de "periodista" en la RAE?. Recuperado de http://www.clasesdeperiodismo.com/2015/10/29/es-necesario-modificar-la-definicion-de-periodista-en-la-rae/

Dans, E. (2015) Clickbait: amarillismo a evitar. En *El Español*. Recuperado de http://www.elespanol.com/opinion/20151108/77872225_13.html

Domínguez, M., & Molero, L. (1998). Lenguaje y sensacionalismo en los titulares de las noticias de sucesos. *Lengua y Habla*, 3.

EFE (31 octubre 2015) La RAE modificará la definición de «periodista» en el Diccionario. En *La Voz de Galicia*. Recuperado de http://www.lavozdegalicia.es/noticia/sociedad/2015/10/31/rae-modificara-definicion-periodista-diccionario/0003_201510G31P30994.htm

El confidencial (5 diciembre 2016) ¿Quién es el padre de Nadia? Las mentiras del caso de la niña con tricotiodistrofia. Recuperado de http://www.elconfidencial.com/sociedad/2016-12-05/caso-nadia-polemica-enfermedad-rara-padre_1299620/

El confidencial digital (11 noviembre 2014) El Mundo despide a Pedro J. Ramírez. Recuperado de http://www.elconfidencialdigital.com/medios/Mundo-despide-Pedro-Ramirez_0_2379961981.html

Escolar, I. (2016) Juan Luis Cebrián me despide de la SER. En *Eldiario.es*. Recuperado de http://www.eldiario.es/escolar/Juan-Luis-Cebrian-despide_6_509959001.html

EthicNet (s.f.) Deontological Code for the Journalistic Profession. Spain. Recuperado de http://ethicnet.uta.fi/spain/deontological_code_for_the_journalistic_profession

Fletcher, R.; Levy, D., Newman, N., & Nielsen, R. (2016) Reuters Institute digital news report. Univeristy of Oxford. Recuperado de https://reutersinstitute.politics.ox.ac.uk/sites/default/files/Digital-News-Report-2016.pdf

García, J. M. (2006). Del periodismo cívico al participativo: Nuevos medios viejas inquietudes. *Zer: Revista De Estudios De Comunicación*, (21).

García, J. (2007) El infoentretenimiento en los informativos líderes de audiencia en la Unión Europea. En *Anàlisi: Quaderns de comunicació i cultura*, N° 35. Pp.. 47-63.

Gómez, J.A, Navarrete, J.L., & Rufí, J.P. (2015). Por qué el periodismo ciudadano no es una amenaza para la industria de la prensa: La producción cultural del usuario frente a las industrias culturales. *Estudios Sobre El Mensaje Periodistico*, 21(2), 899-912.

González, V., y Núñez, V. (2014) Se ha redactado un crimen, capítulo 0. *UDIMA*. Recuperado de https://www.youtube.com/watch?v=BlyBhXTrdY8&list=PLLpWv6CLhzHKvZwYkaey5z9TrqyFlHEZK

Howitt, D. (1982) *The Mass Media & Social Problems*. Elsevier.

Kaye, B. (2010) Going to the Blogs: Toward the Development of a Uses and Gratifications Measurement Scale for Blogs. En *Atlantic Journal of Communication*, Volumen 18, n° 4. Pp. 194-210.

King, H. (16 junio 2016) Facebook lucha por evitar que videos violentos sean transmitidos en vivo. En *CNN*. Recuperado de http://cnnespanol.cnn.com/2016/06/16/facebook-lucha-por-evitar-que-videos-violentos-sean-transmitidos-en-vivo/

Lutz, A. (2012) These 6 Corporations Control 90% Of The Media In America. En *Bussiness Insider*. Recuperado de http://www.businessinsider.com/these-6-corporations-control-90-of-the-media-in-america-2012-6

Maestre, A. (31 diciembre 2016) Noticias falsas en los medios de comunicación españoles en 2016. En *La Marea*. Recuperado de http://www.lamarea.com/2016/12/31/noticias-falsas-en-los-medios-de-comunicacion-espanoles-en-2016/

Minder, R. (5 noviembre 2016) Spain's News Media Are Squeezed by Government and

Debt. En *NyTimes*. Recuperado de http://www.nytimes.com/2015/11/06/world/europe/as-spains-media-industry-changes-rapidly-some-worry-about-objectivity.html?_r=0

Moreno, M. (2 noviembre 2016) "Las redes sociales no hacen periodismo ni son fuentes de información". En *Trece Bits*. Recuperado de: http://www.trecebits.com/2016/11/02/las-redes-sociales-no-hacen-periodismo-ni-son-fuentes-de-informacion/

Palacio, L. (2014) Grupos de comunicación en España: una propiedad tan concentrada como el negocio. En *Cuadernos de periodistas*. Recuperado de http://www.cuadernosdeperiodistas.com/grupos-de-comunicacion-en-espana-una-propiedad-tan-concentrada-como-el-negocio/

Pedreira Souto, E. (2013). Periodismo ciudadano: Entre la profesionalidad y la participación. *Comunicación y Hombre: Revista Interdisciplinar De Ciencias De La Comunicación y Humanidades*, (9), 21-22.

Pérez, J. (2016) PRÓLOGO II: En defensa de una criminología Cyborg. En *Cyborg is coming*, Criminología y Justicia Editorial: Palma de Mallorca. Pp. xii-xxiii.

Pérez, F. & Pérez F. (2015) *Killers: los mayores asesinos en serie de la historia*. Poe Books.

Redondo, M. (2013) El sensacionalismo y su penetración en la prensaespañola de calidad. El "caso McCann" en El País, El Mundo y ABC. En *Estudios sobre el Mensaje Periodístico*, Vol. 19, n°1.

Rodríguez, D. (2016) Un problema del periodismo, siete de los periodistas y dos de los lectores. En *El periodismo acosado. Cuadernos de eldiario.es*, n°14, pp. 6-11.

Servera, J. (2016a) The Hillborough Files: UK contra el hooligan enemigo. En *Criminología y Justicia Refurbished*, Vol. 1, n°4. Pp. 54-70.

Servera, J. (2016b) Problemas de la aceleración tecnológica en criminología. En *Cyborg is coming*, Criminología y Justicia Editorial: Palma de Mallorca. Pp. 27-46.

Sport (8 enero 2017a) La desagradable respuesta del periodista del que se rió Gerard Piqué. En *Sport*. Recuperado de http://www.sport.es/es/noticias/barca/desagradable-respuesta-del-periodista-del-que-rio-gerard-pique-5730779

Sport (8 de enero 2017b) La reacción de Javier Tebas al gesto de Gerard Piqué. En *Sport*. Recuperado de http://www.sport.es/es/noticias/barca/reaccion-javier-tebas-gesto-gerard-pique-5731942

Sport (8 de enero 2017c) El dato de James Rodríguez que Zidane debería tener en cuenta. En *Sport*. Recuperado de http://www.sport.es/es/noticias/real-madrid/dato-james-rodriguez-que-zidane-deberia-tener-cuenta-5731170

Suárez, J. C. (2015) Ethical and deontological aspects of online journalism. Their perception by journalists. En *Revista Latina de Comunicación Social* #069. Pp. 91-109

Team Coco (2011) Media Reacts To Conan's Same-Sex Wedding News. Recuperado de https://www.youtube.com/watch?v=GME5nq_oSR4

Team Coco (2013) Newscasters Agree: A Christmas Present Or Two Or Ten Edition. Recuperado de https://www.youtube.com/watch?v=TM8L7bdwVaA

Varona, D. (2011) Medios de comunicación y punitivismo. En *InDret Revista para el Análisis del Derecho*, n°1. Barcelona.

Varona, D., & Gabarrón, N. (2015) El tratamiento mediático de la violencia de género en España (2000-2012): agenda setting y agenda building. En *InDret: Revista para el Análisis del Derecho*, n° 2. Barcelona.

Vergara, A. (2008) Análisis crítico del sensacionalismo: la construcción mediática de la criminalidad en la televisión costarricense. En *Iberoamericana. América Latina, España, Portugal: Ensayos sobre letras, historia y sociedad. Notas. Reseñas iberoamericanas*, Vol. 8, N° 32, pp. 99-117

Yúbal FM (2016) 2016: el año en el que las noticias falsas pusieron en jaque la credibilidad de Facebook. En *Genbeta*. Recuperado de https://www.genbeta.com/a-fondo/2016-el-ano-en-el-que-las-noticias-falsas-pusieron-en-jaque-la-credibilidad-de-facebook

La prevención de la siniestralidad vial desde el factor humano

Anhelando un Spanish Minority Report

Raúl Caballero

RESUMEN

La normativa en materia de tráfico y seguridad vial exige la obtención previa de una autorización administrativa para poder conducir un vehículo a motor. A pesar de ello, son numerosos los estudios que atribuyen al factor humano como responsable de entre el 71% y el 93% de los siniestros viales. Este dato nos lleva a replantearnos la eficacia de las pruebas que, en la actualidad, se realizan para obtener o renovar el permiso o licencia de conducción, especialmente aquéllas que hacen referencia a las condiciones psicofísicas del conductor, pues son las que deberían detectar las diferentes patologías y los rasgos de personalidad de los conductores que mayor peligro potencial pueden suponer para la seguridad vial. Un modelo de prevención primaria centrado en el conductor , basado en un filtrado más específico que permita detectar niveles nocivos de determinados rasgos de personalidad asociados a la conducción agresiva y de riesgo, permitiría –mediante un seguimiento más próximo y continuado– una gestión más efectiva de su peligrosidad.

Palabras clave: Seguridad vial, permiso de conducción, condiciones psicofísicas, trastorno mental, rasgos de personalidad, peligrosidad, modelo de prevención.

INTRODUCCIÓN

Según los datos del Plan Mundial para el Decenio de Acción para la Seguridad Vial 2011-2020, de la Asamblea General de Naciones Unidas, cada año –a consecuencia de los accidentes de tráfico– fallecen cerca de 1,3 millones de personas y entre 20 y 50 millones de personas más sufren traumatismos no mortales que constituyen una causa importante de discapacidad.

Pero las cifras relativas a los siniestros viales no se quedan ahí. Desde un plano subsidiario al coste personal, el económico, los accidentes también adquieren una gran dimensión; en la Unión Europea se sitúa en torno a unos 160.000 millones de euros anuales –cerca del 2% de su Producto Interior Bruto–, consecuencia de los diferentes costes asociados al accidente como los sanitarios, indemnizaciones de las compañías aseguradoras, reparaciones de vehículos, etc. (Pineda, 2014).

Todo ello comporta que los accidentes de tráfico ocupen un especial protagonismo en los índices de mortalidad de prácticamente todos los países, lo cual debe movilizar a las diferentes administraciones a establecer las medidas preventivas necesarias destinadas a minimizar el número de los siniestros y sus lamentables consecuencias.

Los factores que desembocan en un accidente surgen dentro de la compleja red de interacciones entre el vehículo, la vía, el estado de la señalización, la normativa, la gestión de la seguridad, la supervisión policial y, finalmente, el comportamiento del conductor y la situación de sus capacidades psicofísicas (Fell, 1976).

El accidente de circulación suele producirse como consecuencia de un fallo de los elementos que constituyen el tráfico –vía, hombre y vehículo–, o por la combinación entre ellos, aunque el peso atribuible a cada uno de ellos no es uniforme. La literatura científica muestra que el factor humano es responsable entre un 71% y un 93% de los accidentes, mientras que entre un 12% y un 34% se atribuye a los factores ambientales, y entre un 4,5% y un 13% al vehículo[1].

LA PREVENCIÓN DE LA ACCIDENTABILIDAD

Como puede observarse, la importancia de cada variable en el entramado multifactorial de los accidentes de tráfico no es equitativa y es el factor humano el que, con diferencia, se erige como protagonista principal y presenta un mayor peso específico en la producción final del siniestro.

Es por este motivo que debe incidirse especialmente en la actuación sobre el mismo como estrategia preventiva. Todo ello sin desatender o despreocuparse de los otros elementos que forman el entramado del tráfico –vía y vehículo–, pues resulta fundamental que el entorno vial –en el que pueda producirse un accidente motivado por un error humano– disponga de infraestructuras suficientes para que las consecuencias del siniestro sean lo menos gravosas posible.

En esa línea, las administraciones dedican sus esfuerzos e inversiones en crear unas infraestructuras viarias más seguras, teniendo en cuenta variables como el diseño (configuración), la construcción (materiales), el mantenimiento, etc.

Por otro lado, establecen ayudas económicas para los compradores de vehículos con la finalidad de renovar y modernizar el parque móvil existente (es el caso de los Programas de Incentivos al Vehículo Eficiente, más conocidos como planes PIVE, que cuentan ya con 8 convocatorias). En este sentido, las multinacionales de la industria del automóvil invierten grandes cantidades en I D I con el objetivo de fabricar modelos más seguros que puedan, por un lado, reducir el porcentaje de accidentes atribuibles a un posible fallo mecánico del vehículo, y, por otro lado, proteger a sus ocupantes y a los usuarios de la vía en caso de que el siniestro se produzca por cualquier otro motivo, atribuible al factor humano o al ambiental; intervenciones basadas en el diseño de los vehículos que implementan elementos de seguridad –tanto activa como pasiva– o mejoran las ya existentes.

Algunos ejemplos de estas innovaciones tecnológicas, que favorecen a la conducción cómoda y segura, son mecanismos como la alerta de cambio de carril involuntario, el sistema anticolisión frontal, el control del ángulo muerto, el detector de fatiga, el aumento de número de *airbags* de serie, sistemas de frenado ABS y ESP, etc.

En lo referente a las estrategias de prevención de la accidentabilidad centradas en el factor humano, éstas se basan en el modelo clásico de prevención –inspirado en el sistema sanitario, donde surgió con el objetivo de prevenir enfermedades–, que establece tres áreas de intervención: primaria, secundaria y terciaria.

La prevención primaria está dirigida a la sociedad en general y pretende implantar las condiciones adecuadas para reducir las oportunidades que pueden generar un accidente de circulación.

La prevención secundaria se dirige a colectivos o grupos de riesgo, con la pretensión de evitar que problemas ya existentes se consoliden, estableciendo unas políticas públicas dirigidas a la eliminación o reducción de los factores de riesgo existentes y a la potenciación de los factores de protección ante los accidentes.

Finalmente, la prevención terciaria está orientada al riesgo de reincidencia en aquellas personas que han estado implicadas como posibles responsables de un accidente de circulación, tratando de mermar el riesgo de reincidencia mediante diferentes intervenciones, con el objetivo de que no vuelvan a actuar negligente o imprudentemente durante la conducción y disminuir el riesgo potencial de accidente lo máximo posible.

Mediante un análisis en mayor profundidad centrado en la regulación administrativa y las medidas de prevención relativas al factor humano en la conducción, se pretende generar una reflexión por parte del lector sobre la idoneidad de las mismas, y/o la necesidad de establecer nuevos y mejores filtros con el fin de reducir la siniestralidad vial.

UN PARADIGMA PERFECTO...PERO IMPOSIBLE

En 2002 se estrenó la película Minority Report (Spielberg, S., 2002), un film de ciencia ficción protagonizado por el actor Tom Cruise, y ambientado en la ciudad de Washington DC en el año 2054. La historia muestra un futuro que se puede predecir y donde los culpables de los delitos son detenidos por una unidad especializada antes de que, incluso, puedan llegar a delinquir.

La idea, como modelo de prevención, es inmejorable, pues –extrapolado al contexto de la seguridad vial–, de ser viable, permitiría acabar con los accidentes de circulación y sus secuelas sociales, sanitarias y económicas.

Lamentablemente, la base científica mostrada en la película para poder adelantarse a los crímenes es nula, pues las pruebas para detener a los futuros delincuentes se fundamentan en tres seres psíquicos que tienen visiones sobre las transgresiones más graves a la ley.

Por este motivo, debemos mantener los pies en el suelo y centrarnos en la realidad presente, valorando y –si es preciso– cuestionando la eficacia de los procedimientos establecidos para supervisar, de manera individual, la idoneidad de las personas como conductores, en pro de una mayor seguridad vial, concebida en la reducción del número de accidentes.

LA VALORACIÓN DE LAS APTITUDES PSICOFÍSICAS EN LA OBTENCIÓN/ RENOVACIÓN DEL PERMISO DE CONDUCIR

En nuestro país, la concesión y renovación de los permisos y licencias de conducción está condicionada a la verificación de que los conductores reúnen los requisitos de aptitud psicofísica y los conocimientos, habilidades, aptitudes y comportamientos exigidos para su obtención y regulados en el Real Decreto 818/2009, de 8 de mayo, por el que se aprueba el Reglamento General de Conductores (en adelante CON).

Las aptitudes psicofísicas requeridas para obtener o prorrogar el permiso o la licencia de conducción se establecen en el Anexo IV del CON, constando de 13 apartados (capacidad audiovisual, capacidad auditiva, sistema locomotor, sistema cardiovascular, entre otros) de los cuales nos centraremos en el estudio de los puntos 10 y 11, que tratan los trastornos mentales y de conducta (trastornos cognoscitivos, psicóticos como la esquizofrenia, trastornos del desarrollo intelectual, etc.....), y los trastornos relacionados con sustancias (abuso de alcohol, drogas, medicamentos y sus consecuentes trastornos), respectivamente.

La elección de esos dos puntos respecto al resto radica en la dificultad práctica que, mediante un escueto reconocimiento médico, presenta la detección de psicopatologías o rasgos de personalidad que puedan suponer un peligro potencial para la conducción de vehículos a motor.

TRASTORNOS MENTALES Y SINIESTRALIDAD VIAL

Gómez-Talegón, Álvarez, F., Fierro, I., Ozcoidi & V., Vicondoa, A. (2008) afirman que los conductores con determinadas enfermedades psiquiátricas presentan un mayor riesgo de accidente de tráfico que los conductores sanos, basándose para ello en el trabajo de Waller (1965), que comparó la accidentabilidad de un grupo de pacientes psiquiátricos con otro grupo control, evidenciando que los conductores con enfermedades psiquiátricas —a pesar de que conducían menos kilómetros— tenían el doble de accidentes que los controles.

Los autores profundizan en dicha afirmación matizando que —si bien el diagnóstico de una enfermedad mental o del abuso de sustancias por sí mismos no implica un deterioro de la capacidad de conducir con seguridad— los conductores con trastornos mentales o abusos de sustancias pueden experimentar síntomas o efectos de su tratamiento farmacológico que interfieran en su capacidad para conducir con seguridad.

La problemática en el procedimiento evaluador de las condiciones psicofísicas en las revisiones se establece en que para la obtención o renovación del permiso o licencia de conducción se precisa de la colaboración del conductor. Mediante la anamnesis se recogen aquellos aspectos de la historia clínica del paciente más importantes para analizar su situación médica, y que pueden condicionar la evolución de la exploración, valorando la ampliación de la información mediante más pruebas o la petición de un informe psiquiátrico o psicológico externo.

Existen diversos trastornos psicopatológicos en que, en función del grado de evolución y/o el seguimiento del correspondiente tratamiento médico, pueden ocultarse los principales indicadores de manera consciente por parte del afectado. Aquellos trastornos en que la consciencia no se ve afectada o que, viéndose, lo hace en un grado que permite al enfermo coexistir en aparente armonía con el resto de la sociedad.

Una sociedad, la actual, en la que la enfermedad mental es un estigma para aquellos que la padecen y que –a pesar de la prevalencia existente y que va en aumento– puede producir prejuicios y rechazo en el resto de personas, derivados de las percepciones distorsionadas existentes que asocian los trastornos mentales con la "locura" o con acciones violentas o conductas agresivas, a pesar de una absoluta falta de evidencia científica que pueda corroborarlo.

Es evidente, pues, que –consciente o inconscientemente, con el pensamiento de evitar posibles prejuicios o etiquetamientos estigmáticos– el conductor o futuro conductor omita ciertos aspectos de su patología durante la anamnesis que, según su criterio, puedan hacer peligrar la obtención o renovación de su permiso de conducción.

Algo similar sucede con el consumo regular de alcohol y/o drogas, pues –más allá de reconocer una enfermedad o adicción– se tiende a negar los hechos o atenuar sus consecuencias para evitar prejuicios de terceros y no ser etiquetado como un "borracho" o un "drogadicto", además de las consecuencias nocivas que pueden acarrearle a la hora de obtener o renovar el permiso de conducción.

Pero, ciertamente, el peligro no queda en una simple cuestión de moralidad o prejuicios, sino que va mucho más allá. Las condiciones psicofísicas son una variable dinámica, es decir, los componentes internos –tanto del comportamiento del sujeto como de los trastornos mentales que pueda sufrir– pueden variar a lo largo del tiempo en función de las características personales, los sucesos o episodios vividos, o la evolución de la psicopatología. Por lo cual, la situación psicológica puede variar respecto del momento del reconocimiento y, en caso de un empeoramiento, suponer un peligro exponencial para la conducción de vehículos en el futuro.

Respecto a las drogas, su consumo de manera continuada en el tiempo genera unas consecuencias negativas en diferentes campos de la vida del consumidor (familiar, social, laboral, etc.), entre las que cabe destacar el deterioro cognitivo, conductual y emocional, situación que –a pesar de ser evidente– los consumidores se niegan a aceptar y que pueden repercutir negativamente sobre su capacidad de conducción, incrementando el peligro para la seguridad vial.

Teniendo en cuenta el resultado de la exploración, el informe de aptitud psicofísica, puede clasificarse como apto, apto con condiciones restrictivas, no apto e interrumpido.

El informe clasificado como APTO indica que el interesado no padece enfermedad o deficiencia alguna que pongan en peligro la seguridad vial.

En el caso de un informe calificado como APTO CON CONDICIONES RESTRICTIVAS, el interesado –al padecer alguna enfermedad o deficiencia que le impide obtener el permiso o licencia de conducción– únicamente es considerado apto para obtener o prorrogar un permiso o licencia de conducción extraordinario, sujeto a las condiciones restrictivas o adaptaciones que procedan en función de la enfermedad o deficiencia que padezca.

Finalmente, un informe calificado como NO APTO indica que el interesado no reúne los requisitos para conducir, y -por lo tanto- tampoco para obtener o prorrogar cualquier permiso o licencia de conducción, ordinario o extraordinario (con la excepción, en su caso, de la licencia que autoriza a conducir vehículos para personas de movilidad reducida), sin perjuicio de que posteriormente pudiera obtenerlas o recuperarlas.

Respecto a los plazos de vigencia de las diferentes autorizaciones administrativas para conducir, el artículo 12 CON establece que para los permisos de conducción de las clases C1, C1 E, C, C E, D1, D1 E, D, y D E dicho periodo será de 5 años mientras su titular no cumpla los 65 años, pasando la vigencia –a partir de dicha edad– a ser de 3 años. En relación al resto de permisos, así como a la licencia de conducción, la vigencia será de 10 años mientras su titular no cumpla los 65 años, edad a partir de la cual la vigencia será de 5 años.

El apartado tercero del citado artículo hace mención a la posibilidad de reducción de los periodos de vigencia indicados si –al tiempo de su concesión o de la prórroga de su vigencia– se comprueba que su titular padece enfermedad o deficiencia que, si bien de momento no impide la conducción, es susceptible de agravarse. A pesar de ello, no se hace mención alguna de los períodos de reducción.

RASGOS DE PERSONALIDAD Y SEGURIDAD VIAL

Una vez tratados los temas de los trastornos mentales y de conducta, así como los relacionados con sustancias de abuso, se hará mención a los rasgos de la personalidad y cómo algunos de ellos pueden influir en la seguridad vial.

Los estudios realizados hasta el momento ponen de manifiesto la importancia de las variables de personalidad y las actitudes en el estudio de la conducción de riesgo y la siniestralidad. Las dimensiones básicas de la personalidad se han relacionado con una gran variedad de comportamientos, que van desde la conducta antisocial y criminal a la conducción agresiva y de riesgo (Dahlen, Martin, Ragan, & Kuhlman, 2005; Dahlen & White, 2006; Ulleberg & Rundmo, 2003), y la conducción bajo la influencia de bebidas alcohólicas (Hubicka, Källmén, Hiltunen, & Bergman, 2010; Jornet-Gibert, Gallardo-Pujol, Jamson, S. & Andrés-Pueyo, A. 2013).

Los rasgos de personalidad más específicos también se han relacionado con la conducta delictiva y la conducción de riesgo. Poó y Ledesma (2008) citan a Deffenbacher, Lynch, Oetting & Yingling 2001; Deffenbacher, Oetting, & Lynch, 1994; Houston, Harris & Norman, 2003; Krahé, 2005; Maxwell, Grant & Lipkin, 2005; O'Brien, Tay & Watson, 2004; Sullman, Gras, Cunill, Planes & Font -Mayolas, 2007, a la hora de establecer la relación entre la ira y la agresividad general, con los comportamientos agresivos en el contexto del tráfico.

Dichos autores afirman que existe un factor general de predisposición a experimentar emociones de ira y actuar agresivamente que se manifiesta con cierta intensidad en las situaciones de tráfico.

Otros rasgos de personalidad relacionados con la conducción agresiva son la impulsividad y la búsqueda de sensaciones (Dahlen, Martin, Ragan & Kuhlman, 2005), y el neuroticismo (Dahlen & White, 2006).

Gottfredson y Hirschi (1990), proponen el autocontrol como la principal barrera que se interpone entre las personas y la posibilidad de cometer un crimen. En el contexto de la circulación y el tráfico de vehículos sucede igual, un elevado autocontrol –por parte del conductor– puede prevenir los accidentes, mientras que un bajo autocontrol no puede prevenirlos e, incluso, puede incrementar la probabilidad de que tengan lugar.

Bernabéu (2013) establece como elementos presentes en la teoría del autocontrol la propensión a la recompensa inmediata, el gusto por la aventura, la inestabilidad en las relaciones, la falta de planificación, la insensibilidad ante el sufrimiento, el egocentrismo, la no consideración de las consecuencias, y la impulsividad.

Cita a Garrido Genovés, Redondo Illescas, & Stangeland (2006) para describir la ingesta de bebidas alcohólicas, el consumo abusivo de sustancias, la conducción temeraria y el comportamiento arriesgado en la conducción como manifestaciones de la falta de autocontrol relacionadas con los delitos contra la seguridad vial, y que pueden extrapolarse al campo de la seguridad vial y los accidentes de circulación.

Pero a pesar de las evidencias científicas que relacionan la personalidad y la conducción de riesgo, el poder predictivo de la personalidad es limitado cuando se tienen en cuenta otras variables como las actitudes o el estado emocional (Schell et al., 2006).

Nunes y Sánchez (2008) consideran el estudio de los estados emocionales de las personas, durante su actividad como conductores, como un acercamiento para la comprobación de los efectos de la personalidad en la conducción, haciendo mención a la numerosa investigación existente que tiene como finalidad demostrar la influencia de los estados emocionales alterados en la práctica de la conducción.

Según los autores, se ha comprobado que los estados eufóricos llevan a distorsiones en la percepción de las situaciones viales, de las capacidades propias y en la valoración de los comportamientos del resto de conductores. Este hecho puede llevar a que el conductor adopte unas decisiones más arriesgadas durante la conducción.

Por su parte, las situaciones depresivas pueden tener efectos inhibidores sobre el sistema atencional, pudiendo llegar a tener lugar una desactivación de los sistemas básicos de percepción, atención y toma de decisiones, así como efectos sobre el sistema psicomotor.

Efectos perjudiciales que pueden surgir tanto en situaciones persistentes en el tiempo como en momentos concretos, pero que no son tenidos en cuenta por los conductores al considerar éstos la conducción como una actividad simple y la cual tienen muy desarrollada, siendo inmunes a los efectos perniciosos de estas afecciones; algo que es rigurosamente falso y potencialmente peligroso para la seguridad vial.

EL MODELO PREVENTIVO ACTUAL DE LA SINIESTRALIDAD VIAL DESDE LA PERSPECTIVA DE LA INTERVENCIÓN EN EL FACTOR HUMANO

En España, como hemos mencionado con anterioridad, las estrategias preventivas de la accidentalidad vial centradas en el factor humano se inspiran en el modelo sanitario que establece tres áreas de intervención: primaria, secundaria y terciaria.

Como prevención primaria –dirigida a la sociedad en general–, para la conducción de vehículos a motor y ciclomotores se establece la obligación de la obtención de la preceptiva autorización administrativa. Una criba dirigida a verificar que los conductores tengan los requisitos de capacidad, conocimientos y habilidad necesarios para la conducción del vehículo, con el objeto de reducir las oportunidades de que pueda generarse un accidente.

Dicha obligación se impone también para la renovación de las autorizaciones administrativas, una vez transcurridos los plazos marcados por la normativa.

Como prevención secundaria –dirigida a colectivos o grupos de riesgo–, en 2005 se estableció el sistema del permiso y/o licencia de conducción por puntos, sistema que puede considerarse como un título de confianza otorgado por la sociedad al conductor, mediante la asignación de un crédito de puntos para desarrollar la actividad de la conducción[2], el cual se puede perder a causa de la realización de determinadas conductas contrarias a la normativa que regula la circulación de vehículos a motor y seguridad vial, y donde el agotamiento del total de los puntos asignados supone la pérdida de la autorización administrativa y la imposibilidad de poder conducir vehículos a motor y/o ciclomotores.

Como prevención terciaria –orientada al riesgo de reincidencia–, son diversas las acciones previstas en nuestro sistema normativo.

En primer lugar, se establece un sistema de esa "recuperación de confianza de la sociedad" mencionada anteriormente, mediante la recuperación del crédito total de puntos transcurridos dos años sin haber sido sancionado en firme por vía administrativa por la comisión de infracciones que lleven aparejada la pérdida de puntos.

También se prevé la realización de cursos de sensibilización y reeducación vial de conductores reincidentes con la pretensión de modificar los comportamientos infractores. Existen 2 tipos de cursos: aquellos que permiten la recuperación parcial del saldo de puntos asignados y los de recuperación del permiso o licencia de conducción[3].

Por su parte, la reforma del Código Penal realizada en 2007 incrementó la punibilidad, pasando a considerar como conducta delictiva los supuestos de conducción de un vehículo a motor sin haber obtenido nunca la autorización administrativa, así como en los casos de pérdida de vigencia del permiso o licencia por pérdida total de los puntos asignados legalmente.

Es decir, la pérdida total de los puntos asignados supone la pérdida de vigencia de la autorización administrativa para conducir, siendo precisos 3 requisitos para poder proceder a su recuperación: el transcurso del plazo legalmente establecido, la superación de una prueba de control de conocimientos en cualquier Jefatura Provincial de Tráfico, y la realización con aprovechamiento de un curso de sensibilización y reeducación vial.

Por su parte, el art. 49 del Código Penal[4] faculta el cumplimiento de la pena de trabajos en beneficio de la comunidad a través de la participación del penado en talleres o programas formativos o de reeducación, entre los que cita textualmente los de educación vial.

En resumen, la prevención terciaria se centra en la reeducación de los conductores reincidentes en infracciones graves y/o muy graves a la normativa de tráfico y en conductas que pueden poner en peligro la seguridad vial, con la finalidad de su reinserción y de la asunción de actitudes favorables para la seguridad vial.

CUESTIONANDO LA IDONEIDAD DE LOS MEDIOS DESTINADOS A VERIFICAR LAS APTITUDES PSICOFÍSICAS APTAS PARA LA CONDUCCIÓN

Visto lo expuesto hasta el momento, cabe plantear la siguiente cuestión ¿son suficientes los medios establecidos para detectar a aquellos conductores que puedan suponer un peligro potencial para la seguridad vial?

Centrándonos exclusivamente en la prevención primaria –como fase en que tiene lugar el reconocimiento y evaluación de las capacidades psicofísicas de los conductores y/o aspirantes a conductores– y conociendo cómo los trastornos mentales y algunos rasgos de personalidad pueden influir dañosamente en la conducción, podría considerarse que el reconocimiento médico, tal y como está configurado en la actualidad, es insuficiente o inadecuado; no únicamente en lo referente a las pruebas realizadas, sino también respecto de los plazos establecidos para su renovación.

Una simple anamnesis debe considerarse insuficiente como filtraje para la determinación de la realización de una exploración psicológica más exhaustiva, pues puede no detectar aquellos supuestos menos graves. La misma, además, se centra sobre la existencia de posibles trastornos mentales, pero no tiene en cuenta los rasgos de personalidad, variable –ésta última– que puede afectar a la asunción de conductas de riesgo en la conducción de vehículos.

Debería plantearse la posibilidad de realización de una batería de test psicotécnicos, donde se incluyan cuestionarios para medir diferentes aspectos como, entre otros, la ansiedad (Cuestionario de Ansiedad Estado-rasgo: STAI-R; State-Trail Anxiety Inventory; Spielberger et al., 1970), la expresión de la ira (STAXI-2R/E; Miguel-Tobal, Casado, Cano & Spielberger, 2001), el grado de bienestar/problemas (Outcomes in Routine Evaluation-Outcome Measure CORE-OM; Botella, 2008; Barkham, Connell & Mellor-Clarck, 2007), posibles problemas asociados con el consumo de alcohol (Alcohol Use Disorders Identification Test AUDIT; Contel Guillamón, Gual Solé & Colom Farran, 1999); o el cuestionario ZKPQ-50-CC, que proporciona medidas para el modelo de los cinco alternativos de Zuckerman (Zuckerman, Kuhlman, Joireman, Teta y Kraft,1993) (Agresión/Hostilidad; Impulsividad/Búsqueda de Sensaciones, Ansiedad/Neuroticismo, Sociabilidad y Activación), rasgos de personalidad que se han relacionado directamente con los comportamientos agresivos en la conducción, y que –directa o indirectamente– pueden tener incidencia en la seguridad vial.

De esta manera, podrían detectarse a aquellos conductores potencialmente peligrosos que, si bien no presentan ningún tipo de trastorno mental, por sus rasgos de personalidad y/o situación vital sean proclives o puedan asumir comportamientos que supongan un riesgo para la seguridad vial y para ellos mismos.

Ello, a su vez, serviría para poder ejercer un mayor control sobre dicho colectivo (conductores potencialmente peligrosos), pudiendo restringir los tiempos para la renovación de sus permisos o licencias de conducción y estableciendo un seguimiento más continuo, permitiendo comprobar si el riesgo se mantiene estático o, por el contrario, ha variado, incrementándose o disminuyendo.

El factor tiempo, referido a la renovación del permiso o licencia de conducción, es otro tema sobre el que debería plantearse una revisión, pues un periodo de 10 años es demasiado dilatado y durante el mismo pueden sucederse diversos acontecimientos (experiencias vitales que puedan afectar al estado emocional, enfermedades, etc.) que conlleven a una alteración de las condiciones en que el permiso se obtuvo o se renovó por última vez.

La reducción de los periodos de vigencia de los permisos y licencias de conducción a 5 años, en general, y a 2 años –en el supuesto de conductores potencialmente peligrosos y/o aquellos sujetos a condiciones restrictivas o adaptaciones que procedan en función de la enfermedad o deficiencia que padezca– comportaría un seguimiento más efectivo, contemporáneo y realista sobre la población conductora de nuestro país y sobre el estado de la seguridad vial. Una fuente de conocimiento de gran valor, teniendo en cuenta la importancia del factor humano como elemento con mayor peso específico en el contexto de la siniestralidad vial.

En el caso de conductores reincidentes en infracciones relativas a la ingesta de alcohol y/o el consumo de drogas en la conducción, puede considerarse –además de la restricción del periodo de vigencia de la autorización administrativa para conducir– la posibilidad de establecer como obligatoria una analítica sanguínea con el fin comprobar si el factor de riesgo ha desaparecido, disminuido, persiste, o – por el contrario– se ha agravado aún más.

CONCLUSIONES

En la actualidad, los siniestros viales constituyen un problema social y de salud pública de primera magnitud en todos los países. La epidemiología de las muertes y lesiones a causa de los siniestros viales supone el conocimiento de su frecuencia y distribución en el tiempo, en el espacio y según los grupos de población, así como también el estudio de sus determinantes. Evidentemente, antes de emprender cualquier acción o política de prevención y reducción de los accidentes y sus consecuencias, es importante tener un conocimiento lo más preciso posible de la accidentalidad y sus características más destacables.

De los diferentes elementos que interactúan en el contexto del tráfico, es el factor humano –como demuestran numerosas investigaciones y datos– el que mayor protagonismo presenta en el fatal desenlace de los siniestros viales.

Por este motivo, la seguridad vial –para reducir el número y consecuencias de los accidentes de circulación– debe centrarse especialmente en el conductor, en la promoción del respeto de las normas y de la erradicación de la asunción de conductas negligentes y de riesgo por parte de éste.

Paradójicamente, la inversión en el conductor, económicamente hablando, supone un coste inferior que las inversiones en infraestructuras para la construcción de carreteras más seguras y/o la investigación y fabricación de vehículos más seguros.

Un buen modelo de prevención primaria más eficaz centrado en el conductor puede cimentarse, en una primera fase, en el establecimiento de un filtraje más austero de las condiciones psicofísicas de los interesados en obtener o renovar un permiso o licencia de conducción.

La realización y superación de unas pruebas más acordes a los intereses de la seguridad vial, que permitan detectar niveles peligrosos de determinados rasgos de personalidad asociados a la conducción de riesgo, y la posibilidad de una mejor gestión de éstos gracias a un seguimiento más continuo –mediante la restricción de los periodos de vigencia de los permisos de conducción– pueden ayudar al logro del tan ambicionado objetivo de reducir la siniestralidad vial.

Si bien es cierto que la reducción de los periodos de vigencia –que supondría la renovación en intervalos de tiempo más breves– y unas pruebas más específicas que contemplen la realización de test psicotécnicos e, incluso, de analíticas sanguíneas, comportarían una mayor inversión económica por parte de la administración y de los conductores; de conseguirse la reducción de la siniestralidad vial dicha partida económica podría verse sufragada con la reducción del gasto destinado a costes hospitalarios derivados de los accidentes, aseguradoras, etc.

A falta de – como sucede en Minority Report– unos seres psíquicos que puedan predecir y avanzarse a la ocurrencia de los siniestros viales, buenos son unos reconocimientos psicofísicos más estrictos para la detección de los conductores potencialmente más peligrosos y la gestión de su participación en el entramado del tráfico y la seguridad vial.

BIBLIOGRAFÍA

Álvarez, F., Fierro, I., Gómez-Talegón, Ozcoidi & V., Vicondoa, A. (2008). Aptitud para conducir de los pacientes con trastornos mentales. Su evaluación en los centros de reconocimiento de conductores. *Psiquiatría Biológica*, Vol. 15, nº 3. Recuperado de http://www.elsevier.es/es-revista-psiquiatria-biologica-46-articulo-aptitud-conducir-los-pacientes-con-13120438

Baldris, G., Hilterman, E., Mancho, R., Muñoz, Y. & Trasovares, V. (2012). *Programes de tractament i característiques dels interns penitenciaris ingressats per delictes de trànsit a Catalunya*. Centre d'Estudis Jurídics i Formació Especialitzada. Departament de Justícia. Generalitat de Catalunya.

Bernabéu Ayela, F. (2013). *El delincuente vial. Un estudio criminológico sobre sus características y la interrelación con la delincuencia clásica*. Tesis doctoral, Universidad Miguel Hernández de Elche.

Botella, L. (2008). Resultado y proceso en psicoterapia cognitivo-constructivista integradora. *Apuntes de psicología*, 26, pp. 229-241.

Connell, J.; Barkham, M.; Stiles, W.B.; Twigg, E.; Singleton, N.; Evans, O.; Miles, J.N.V. (2007). Distribution of CORE-OM scores in a general population, clinical cut-off points and comparison with the CIS-R. *British Journal of Psychiatry*, 190, pp. 69-74.

Contel, M.; Gual, A.; Colom, J. (1999). Test para la identificación de transtornos por uso de alcohol (AUDIT): Traducción y validación del AUDIT al catalán y castellano. *Adicciones*, 11, pp. 337-347.

Dahlen, E., Martin, R., Ragan, K., & Kuhlman, M. (2005). Driving anger, sensation seeking, impulsiveness, and boredom proneness in the 40 prediction of unsafe driving. *Accident; Analysis and Prevention*, 37, pp 341-348.

Dahlen, E., & White, R. (2006). The Big Five factors, sensation seeking, and driving anger in the prediction of unsafe driving. *Personality and Individual Differences*, 41, pp. 903-915.

Gottfredson, M. & y Hirschi, T. (1990). *A General Theory of Crime*. Stanford: Stanford University Press.

Herraiz, F. (2010). *Descripció del perfil psicològic dels interns empresonats per delictes contra la seguretat del trànist*. Centre d'Estudis Jurídics i Formació Especialitzada. Departament de Justícia. Generalitat de Catalunya.

Hubicka, B., Källmén, H., Hiltunen, A., & Bergman, H. (2010). Personality traits and mental health of severe drunk drivers in Sweden. *Social Psychiatry and Psychiatric Epidemiology*, 45, pp. 723–731.

Hilterman, E. & Mancho, R. (2012). *Avaluació de programes formatius de seguretat viària i la reincidència posterior*. Centre d'Estudis Jurídics i Formació Especialitzada. Departament de Justícia. Generalitat de Catalunya.

Jornet-Gibert, M., Gallardo-Pujol, D., Suso, C., & Andrés-Pueyo, A. (2013). Attitudes do matter: The role of attitudes and personality in DUI offenders. *Accident Analysis & Prevention*, 50, pp. 445–450.

Miguel-Tobal, J. J.; Casado, M. I.; Cano-Vindel, A.; Spielberger, C. D. (2001) *Staxi-2: Inventario de expresión de la ira estado-rasgo*. Madrid: TEA. Ediciones, S.A.

Ministerio de Sanidad (2007). Protocolo de exploración médico-psicológica para centros de reconocimiento de conductores. Guía para la historia clínica.

Montoro, L.; Alonso, F.; Esteban, C. y Toledo, F. (2000). *Manual de Seguridad Vial: El factor humano*. Ed. Ariel INTRAS.

Nunes, L. & Sánchez, J.M. (2008). *Psicología aplicada a la conducción*. Dirección General de Tráfico.

Organización Mundial de la Salud, Organización de las Naciones Unidas (2011). Plan mundial para el decenio de acción para la seguridad vial 2011-2020.

Pineda, M. (2014). *Investigación de accidentes en profundidad. Temario ejercicio oral*. Parte 3. Gestión Técnica del Tráfico. Tema 29. Dirección General de Tráfico. Recuperado de http://www.dgt.es/es/la-dgt/empleo-publico/oposiciones/2014/20141216-temario-promocion-interna-2014-parte-3-gestion-tecnica-del-trafico.shtml

Poó, F.; Montes, S.; Ledesma, R. (2008). Rasgos de personalidad y agresión en conductores. *Avaliação Psicológica*, diciembre, pp. 269-280.

Recuperado de http://www.redalyc.org/articulo.oa?id=335027185002

Spielberger, C.; Gorsuch, R.; Lushene, R. (1970). *Manual for the State-Trait Inventory*. Palo Alto: Consulting Psychological Press.

Spielberg, S. (2002). *Minority Report* [Cinta cinematográfica]. Estados Unidos: 20th Century Fox/Dreamworks Pictures.

Ulleberg, P., & Rundmo, T. (2003). Personality, attitudes and risk perception as predictors of risky driving behaviour among young drivers. *Safety Science*, 41, pp. 427–443.

Zuckerman, M., Kuhlman, M., Joireman, J., Teta, P., y Kraft, M. (1993). A comparison of threestructural models for personality: The Big Three, the Big Five, and the Alternative Five. *Journal of Personality and Social Psychology*, 65, pp. 757-768.

Notas

1. Montoro, L., Alonso, F., Esteban, C., Toledo, F. (2000) basándose en estudios como el Tri-Level Study de la Universidad de Indiana, el REAGIR francés, el llevado a cabo por el Transport Research Laboratory en Gran Bretaña, o el de la National Highway Traffic Safety Administration.
2. 12 puntos los conductores en general y 8 los noveles.
3. Orden INT/2596/2005, de 28 de julio, por la que se regulan los cursos de sensibilización y reeducación vial para los titulares de un permiso o licencia de conducción.
4. En virtud de la reforma realizada por la Ley Orgánica 5/2010, de 22 de junio, por la que se reforma la Ley Orgánica 10/1995, de 23 de noviembre, del Código Penal.

Sobre los autores

Carlota Barrios Vallejo comenzó su andadura por el mundo de la Criminología en 2004, cuando inició los estudios universitarios que la llevarían a licenciarse en 2009 por la Universidad Camilo José Cela. En la actualidad comparte sus trabajos de divulgación e investigaciones independientes a través de su web y actualiza habitualmente el blog 'Sociedad de conocedores del crimen', con el que pretende dar a conocer la Criminología y aportar su granito de arena al panorama criminológico español por medio de proyectos como el MEC (Mapa Español de la Criminología). Actualmente trabaja en DACRIM, despacho de criminología.

Raúl Caballero. Profesional de la seguridad pública, gracias a la Criminología he descubierto una perspectiva científica, más transversal, integral y enriquecedora del panorama delictivo. Un universo de conocimiento del cual, ahora que me he subido, no quiero bajarme.

Guillermo González es criminólogo y estudiante de psicología. Holacracia en Criminología y Justicia Refurbished. Ha sido fundador de Proteus Intsec, consultoría especializada en soluciones de machine learning y minería de datos. Ha participado como ponente en el III y el IV Congreso Internacional de Justicia Restaurativa.

Jaume Hombrado Trenado es egresado en el Grado en Criminología por la Universidad de Barcelona, así como egresado en el Máster de análisis político y asesoría institucional por la misma Universidad. Actualmente es investigador predoctoral en Criminologia en la Universidad de Barcelona. Desempeña funciones como presidente de la Asociación Interuniversitaria de Criminología, asociación que representa al colectivo de estudiantes y egresados de las diferentes titulaciones de Criminología en Cataluña. También realiza funciones en el GIEC (grupo de investigación en Estudios Criminológicos), un grupo de investigación interdisciplinar que colabora con el vicerrectorado de estudiantes de la Universidad de Barcelona. Dicho grupo investiga sobre los procesos victimización en el ámbito universitario. Por último, Jaume ha participado en diversas investigaciones para el Departament de Justícia de la Generalitat de Catalunya

Jose Servera Rodríguez es analista de entornos laborales y riesgo de conflicto en la empresa. Fundador de Criminología y Justicia en 2011 y miembro de la holacracia Criminología y Justicia Refurbished.

Antonio Silva Esquinas es estudiante de Grado en Criminología en la Universitat Oberta de Catalunya, ex-representante UOC en Sociedad Interuniversitaria de de Estudiantes de Criminología (SIEC), investigador y *personal trainer*. Holacracia en Criminología y Justicia Refurbished.

Algunas de nuestras novedades editoriales

JÓVENES PROMESAS EN CRIMINOLOGÍA, 2015-2016

Jóvenes promesas en Criminología compila algunos de los mejores Trabajos de Final de Grado en Criminología desarrollados durante el curso 2015-2016 en las universidades españolas, los cuales han sido seleccionados por un Comité Académico formado por expertos en Criminología y ciencias afines.

SAPOS CRIMINOLÓGICOS PARA PRINCESAS Y PRÍNCIPES CON PROBLEMAS DE CRIMINALIDAD

¿Recordáis aquellas viejas historias donde se denostaba al sapo, pero este más tarde se descubría como un ser, no sólo bello, sino inteligente, resolutivo y adorado? ¿Y esos príncipes y princesas, que necesitaban conocer bien al sapo para decidirse a besar sus labios y convertirlo en otro ente que, ahora sí, pudiera desatar todo su potencial? Imaginad una ciencia -la Criminología: el sapo- que sólo desea mejorar la vida de esas princesas y príncipes -vosotros, la sociedad-. Tan sólo os pedimos un beso -que nos permitáis hacer nuestro trabajo y que apostéis por nuestras aportaciones-, y nosotros nos encargamos del resto. De eso, de qué maneras ya nos abrimos paso, trata este metafórico libro.

LA IDONEIDAD DEL CRIMINÓLOGO EN LA ADMINISTRACIÓN PENITENCIARIA

Manuel Fanega elabora un estudio científico de la figura del criminólogo y su potencial en la Administración Penitenciaria, y se arma para ello de argumentos sólidos basados en información objetiva relevante.

Se trata de una muestra patente de la forma en que un criminólogo, como científico social que es, debe abordar los problemas a los que se enfrenta. Su aproximación toma como referencia puntos de indudable solidez: la regulación pasada y actual de las diferentes figuras profesionales existentes en dicha Administración y conectadas con la Criminología, los programas de estudio que el criminólogo cursa en diferentes universidades españolas y un conocimiento detallado del entramado organizativo penitenciario, tanto de los servicios periféricos como de los centrales.

Una singularidad en este estudio es la capacidad del autor de llevar sus razonamientos hasta sus últimas consecuencias.

No se contenta, pues, con problematizar el asunto, con poner de manifiesto incoherencias o con defender pretensiones irreales o idealistas. Más bien al contrario, haciendo un ejercicio de pragmatismo y coherencia realiza propuestas específicas de rediseño institucional de manera que dota a su análisis de una mayor capacidad para afectar a la realidad administrativa actual.

Made in the USA
Middletown, DE
24 September 2023

39258704R00054